陈爱莲
Chen Ailian
Hua Zhuan
画传

陈廷一 著

人民出版社

《牧笛》表演者陈爱莲、王庚尧于 1957 年在中南海为毛主席演出。

　　《鱼美人》是中国第一部芭蕾舞与中国舞相结合的舞剧，首演于 1959 年，演出获得巨大成功。国家主席刘少奇观看了演出并上台祝贺陈爱莲二十岁生日。这是鱼美人和山妖的双人舞，表演者陈爱莲、陈铭琪。

舞蹈《春江花月夜》获得第八届世界青年和平与友谊联欢节舞蹈比赛金质奖章。

　　1980 年，陈爱莲举办了新中国成立以来首次个人舞蹈晚会，把她多年来对祖国的无限深情倾注到她每一个舞蹈之中。炉火纯青的舞艺使古今中外不同女性得到淋漓尽致的艺术再现。《西班牙舞》就是其中的舞蹈之一。陈爱莲个人舞蹈晚会曾获文化部一等奖。

舞剧《文成公主与松赞干布》表演者陈爱莲、韩大明，演出获得
文化部一等奖。

　　舞剧《红楼梦》在中国演出了将近七百场、受到国内外观众的一致好评。

|目录|

C O N T E N T S

▶ 序　曲　穿越时空的舞者 /001

第一章　她一出生就有黛玉的影子——瘦弱、内向、爱哭 /006

第二章　祸从天降，十岁那年，双亲病故 /009

第三章　"找针"表演，让她的命运转折 /015

第四章　北京什刹海边的轶事 /019

第五章　陪毛主席跳舞 /029

第六章　剧院外的叹息 /035

第七章　《鱼美人》让她一举成名 /039

第八章　爱情悄然来临的时候 /048

第九章　四枚世界金奖为他们的婚礼增光添彩 /051

第十章　在"下马威"的面前 /059

第十一章　医生悄悄告诉她说：你有喜了 /064

第十二章　最爱最疼她的人走了 /068

第十三章　一不留神，她被划为"五·一六"分子 /076

第十四章　塞外的风，塞外的雪 /079

第十五章　自学编导，华丽转身 /084

第十六章　第二次爱情的萌生 /091

第 十 七 章　在美国演出的日子　/096

第 十 八 章　《文成公主》一炮打响　/105

第 十 九 章　《奴隶之歌》再添掌声　/111

第 二 十 章　陈爱莲专场火爆　/116

第二十一章　舞剧《繁漪》再添光焰　/123

第二十二章　红楼梦圆　/134

第二十三章　饰演林黛玉的风波　/139

第二十四章　"下海"的首场演出　/148

第二十五章　陈爱莲名声大振　/159

第二十六章　名家徐迟要为她立传　/175

第二十七章　特殊的邀请　/178

第二十八章　陈爱莲另一面：挺身而出　/187

第二十九章　"我是全国政协委员"　/194

第 三 十 章　京城民办艺校第一人　/198

第三十一章　圆梦桃李　/205

尾　　章　第600场《红楼梦》谢幕：永远的经典　/210

穿越时空的舞者

中国俗语：百闻不如一见。

曙色熹微，万类复醒，听钟声已响，快拉开大幕，让我们寻出谜底，看个究竟。

公元 2015 年 10 月 10 日晚。大地融金，暮色温柔。

北京，清华大学的礼堂，陈爱莲献艺演出的大型舞剧《红楼梦》，晚七点十五分在这里鸣锣开演。

随着钟声的响遏，大幕徐徐开启。

贾府怡红院，场面壮观。

一束灯光射向海蓝色的幕布上，聚焦在古香古色的"怡红院"。十二个舞姿百态的造型，有的是双龙戏珠，有的是嫦娥奔月，有的是大鹏展翅，有的是鲤鱼跃龙门，有的是百鸟朝凤，有的是金鸡独立，有的是刘海砍柴……仙风道骨，与"怡红院"浑然一体，美不胜收，如孔雀开屏，让人眼前一亮，着实为之震慑。

顷刻间，造型结束了静止，开启了活动，宫女们翩翩起舞，歌台舞榭，"怡红院"成了欢乐节日的祥瑞景色。

一阵轻歌曼舞后，在音乐转换间，"黛玉进府"序幕开启了——闲静如娇花照水，行动如弱柳扶风，在人们的期待中，舞蹈大师陈爱莲先生上场了。别看她七十六岁高龄，白头不让黑发，舞步轻盈，舞姿多情，优雅婉约，舒展纤柔，"三个鹞子"快速侧转，恰到舞台中央，美轮美奂，青春阳光，让台下的观众掌声雷动。

掌声过后，陈爱莲跳起了她最拿手的长袖舞来。长袖在空中翻飞，似彩虹搭桥渡牛郎，又似月宫嫦娥舒广袖。她的一动一跳，一仰一卧，忽左忽右，忽前忽后，收放自如，完全沉浸在剧中黛玉的角色中去啦。

黛玉幼年丧母，外祖母接她到贾府居住，与表兄宝玉一见倾心。二人遂愿跳起了双人舞，不时地媚眼传情。相似的蛾眉颦蹙，美目含情；相似的娟秀玲珑、窈窕纤弱；相似的风姿绰约、幽韵雅艳；相似的外柔内韧、傲鹭刚强。她超越时空和年龄差距，表现出非凡的生命力和创造力，观众再次掌声雷动，但见看台上有人站了起来；有人吹起了口哨；还有人扬起了手中的头巾。更让人生趣的是，我身后的一位"眼镜"小伙，二十壮岁，拿着高倍望远镜，埋怨地叫道：爱莲奶奶怎么还没登场啊？！

接着灯光一明一暗，薛姨妈携宝钗也来贾府投亲。宝钗一身红装，与一身素服的黛玉，相映成趣。双人舞中一红一白，一个矜持一个张扬，个性全在舞中得到淋漓尽致的表现。

"眼镜"小伙沉不住气了：少女黛玉不像是她呀？她的舞步跳得太轻盈了，她的脸上也没有皱纹啊？

……

整台演出，让"眼镜"粉丝感慨不已，当演出一结束时，"眼镜"小伙迫不及待地第一个跑了过去，与众粉丝们拥向了舞台中央，把陈爱莲围了个密不透风。

"眼镜"小伙问道：爱莲奶奶，你今年七十六，跳了六十多年的舞，获了无数多的国际大奖，你对中国民族舞蹈是怎么理解的？

小伙的一句不经意的问话，打开了陈爱莲的话匣子，她没有打哏，便

经典舞剧《红楼梦》演出剧照

2015 年 10 月 10 日经典舞剧《红楼梦》剧照

说没有新中国就没有我陈爱莲！我出生在十里洋场的大上海，没有品尝那里的灯红酒绿，童年却在孤儿院里度过。我的舞蹈生涯几乎与共和国同龄。对中国民族舞蹈事业，我是看着长大的，应该说我是最有发言权的……

　　快打开第一章吧，将是开卷有益的！

她一出生就有黛玉的影子
——瘦弱、内向、爱哭

公元 1939 年 11 月 14 日凌晨，上海南市区临街弄一幢三层出租小楼内。

"哇——"一声响亮啼哭，惊醒了幽深的弄堂，也惊醒了还在梦乡中的人们。

孩子的父亲名叫陈锡康，一位在警察局当差的警官，此刻，他并没在场陪伴妻子分娩，而是在警察局忙差，一夜都没有回来。

据传，南市有两个日本鬼子喝酒滋事，杀了酒家的一个伙计，闹出了命案，差事紧急。本来陈锡康已请假陪妻生产，准备迎接新生命降世，不料却出现了这段插曲，让陈锡康措手不及。他把接生大夫用三轮车接到家里，只说事急，就匆匆离开了。直到孩子出生二十四小时后，他才借机回到家里，安慰妻子，庆贺孩子的到来。

母亲余秀英，静静地躺在床上，轻抚着襁褓中的婴儿，不时地与来客打着招呼。

这个婴儿，就是本书的传主，我国著名的舞蹈表演艺术家——陈爱莲。

小爱莲的出生，给这个家庭带来了无限的快乐。

陈锡康幼年随经商的父亲来到十里洋场的大上海，在这里，他度过了无忧无虑的童年和少年时代。秉承父亲的才干，陈锡康在事业上一帆风顺，很快便赢得同乡的尊重和信赖，被推举为上海番禺同乡会会长。

十九世纪二三十年代的上海，正是风云际会、繁华一时的大都市，华人与洋人都向往的地方。素有"聪明能干"之称的广东人，看到这个港口城市商机无限，便拖家带口，沿江而上。经过打拼，广东人在上海渐渐地站稳了脚跟。

受儒家思想的影响，中国是个人情味很浓的国家。为了加强生意和感情的沟通，闲暇时分，广东人形成了很多同乡会，番禺同乡会就是其中之一。

这虽是个民间机构，但说明陈锡康的人气和事业上的成功。

陈爱莲 10 岁

事业的成功，并不代表婚姻的成功。陈锡康四十多岁时，发妻因患绝症，撒手而去，留下三男三女。

老话说，"家有贤妻，胜似神仙"。可如今，人去楼空，陈锡康像丢了魂似的，整日郁郁寡欢。朋友们看在眼里，急在心上，不久，就撮合了他跟一位在纱厂做工的女工在一起。

　　她叫余秀英，清丽大方，浙江舟山人，少年家贫，十几岁时便随村中的小姐妹，一起闯上海来了。由于机灵勤快，加上长得漂亮，在纱厂很快脱颖而出，成了"那摩温"（工头的意思）。一次"纺纱比赛"，全车间三百余名姐妹，她得了头奖。

　　陈锡康比妻子大十八岁，但这并不妨碍二人的恩爱甜美，一年后，爱情的结晶——小爱莲就呱呱落地，来到了人间。

　　小时候，爱莲总是爱哭，是情感的丰富，还是对外在世界的敏感？或许，这就是儿童表达自己情感欲求的唯一办法。

　　有一次，爸爸上班去了，妈妈买菜去了，小爱莲躺在被窝里懒睡，醒后，却不见妈妈，于是号啕大哭起来，哭着，哭着，楼下传来一阵阵"咚咚咚……"

　　"是妈妈的声音！"小爱莲停止了哭泣，擦干眼泪，飞出家门，可就在这时，一件意想不到的事情发生了——

　　由于匆忙，脚底不慎踩空，小爱莲从三楼沿木梯摔了下去。

　　"妈呀，我的孩子——"母亲一阵撕心裂肺的哭声，晕倒在地。

　　……

　　至今，这一细节仍清晰地印在陈爱莲的脑海中。

　　采访中她说，送到医院，被诊断为骨折，以后每逢天气变化，小腿就隐隐作痛。骨折是舞蹈演员的大忌，可是后来由于练功，竟然奇迹般地好了。她心想，这也许是上帝对人间真情的垂青，和对她的眷顾。

第二章

祸从天降，十岁那年，双亲病故

就在小爱莲在童话般的世界里做着蔷薇色的梦时，一场突如其来的家庭变故，打破了她宁静而快乐的生活。

1949 年隆冬，一个寒风呼啸的夜晚，59 岁的陈锡康撇下他年纪轻轻的爱妻和两个年幼的孩子，撒手人寰，离开了这个尘世。

这一年，陈爱莲正好九岁。

陈锡康得的是什么病呢？

据陈爱莲的同母胞妹陈美丽回忆，陈锡康吃了不洁的狗肉（可能是疯狗肉）。不久，他感到身体不适，接着，浑身上下莫名地浮肿起来，渐渐地，越来越严重，开始时在家调养，后来只好到医院治疗。

丈夫是家里的主心骨、顶梁柱。顶梁柱倒了，余秀英有一种垮掉的感觉，整日焦急万分。

一个阴冷潮湿的下午，她带着两个女儿来到北四川路一家叫"惠民"的医院，看望丈夫。

走进洁白的病房，只见丈夫陈锡康穿着黑色的大棉袍，身上盖着一个雪白的大被单，头歪在一边，像睡着似的。

余秀英心头一阵难过。

听到一阵轻声的呼唤，陈锡康转过头来，睁开眼一看，原来是妻子带着两个女儿来了，他浑浊的眼睛顿时闪着一丝难得的兴奋和光彩。

余秀英拉着两个女儿俯身道：

"爱莲、美丽，快叫爸爸！"

陈锡康的模样让小爱莲不敢认了，一脸胡子拉碴，头发花白了许多，像变了一个人似的，肤色黄白，像家中点燃的白蜡。她不敢相信，眼前就是自己昔日漂亮潇洒的爸爸，这个曾经带她和妹妹去公园、看大戏、逛城隍庙的爸爸，给她带来无数欢乐的爸爸……

她的脑海一片空白。

但在妈妈的鼓励下，小爱莲伸出小手，拉着爸爸"胖乎乎"的手，懂事地叫了一声。而小美丽呢，则拉着妈妈的手，躲闪着，藏到母亲的身后，眼睛里流露出一丝不安和怯意。

看到妻子泪水涟涟，陈锡康有点难过。他伸出手，一手拉着妻子，一手拉着孩子，尽力地安慰着母女三人。

他知道，他只能做这些了。

情景相当凄惨。

回忆中，陈爱莲清晰地记起一个细节，她说，临走时，她特意按了按父亲的身体，结果发现，父亲的全身都是发"胖"的。

陈爱莲与妹妹陈美丽

后来，小爱莲和母亲、妹妹又去了三四次。

终于，在那个像噩梦一般的夜晚，父亲走了。

陈锡康和余秀英是老夫少妻，双方年龄相差 18 岁，但在陈爱莲的记忆里，父亲和母亲从未吵过架红过脸，两人恩恩爱爱，相濡以沫，携手走过 11 个春秋。以前，丈夫在时，余秀英有一个依靠和寄托，而今，爱人离去，天塌下来，余秀英像丢了魂似的。从这点上说，余秀英对亡夫感情很深。

精神上，让余秀英母女三人受打击的不止这些，渐渐地，家中来往的客人也少多了，颇有"门前冷落鞍马稀"的味道。

由于太苦闷、思虑过深，没多久，余秀英也病倒了。

她天天向小爱莲唠叨，"五七"（民间习俗，认为人死后 35 天亡魂会回来看望家人）后爸爸回来了。身子也慢慢地变瘦了。于是，家里弥漫着恐怖气氛……

肺病，又叫痨病，也就是常说的肺结核。史书记载，在新中国成立前这是一种很可怕的传染性疾病，许多人死于此病。

小爱莲走在弄堂里、胡同里，明显地感到邻居们异样的目光，他们一看到小爱莲，像避瘟疫似的，远远地躲开了。晚上，到同学家、小伙伴家中去玩，也不像以前那样受欢迎了，脸色都大有下"逐客令"的意思，敏感的小爱莲很知趣，以后就不去串门了。

从此，她知道了世态炎凉。

生活的阴霾笼罩在一个十岁少女的心头，宛如大山一般沉重，两个月来，辍学在家的小爱莲，天天听着母亲喃喃自语，絮絮叨叨，对于一个心灵敏感的少女来说，她有点不知所措。

她茫然了。

她受刺激了。

她觉得自己快变傻了。

回忆中，陈爱莲清楚地记得有一天晚上，她实在受不了压抑的苦闷，偷偷一人走出家门，来到北四川路的马路边。她像一只关在铁屋子里的小鸟，终于飞出窒息的小屋，呼吸了一口清新的空气。

冬日的夜晚，北四川路绽放出它耀眼的一面。茶楼酒肆、饭店舞厅，霓虹灯闪烁着迷人的光彩，显示出一片繁华热闹的景象。可在小爱莲眼中，像一幅灰色调的都市图画。

她无心欣赏。

没有人注意，在一老字号茶庄门前的马路边上，在一棵法国梧桐树下，坐着一个十岁少女，她目光呆滞，表情漠然，怔怔地望着来来往往的行人和黄包车……

她想起了父亲慈祥的笑容，想起在教会学校的快乐时光，想起跟着父亲去看大戏、逛公园、喝咖啡的日子……

一个小时，两个小时……

夜半，马路上行人渐稀，喧闹一天的街道开始平静下来。夜深人静之时，远处大户人家的深宅大院里，似乎听到古怪的声音，像冤魂的叫声……一缕缕寒风吹来，透心地冷，她紧缩着脖子。

刚刚解放的上海，还不太平，夜晚，常有地痞流氓、坏蛋分子出来捣乱，她不怕。

几个流浪的小乞丐走过来，试图接近她，被她愤怒的目光逼走了。

这一晚，在马路边，她穿着棉袍，整整坐了一夜，直到天色熹微时，被找来的妹妹喊了回去。

母亲的病越来越重了。

　　她整日咳嗽，已不能咽食，身子越来越瘦。枯黄的脸，像烤黄的烟叶一样，难看得吓人。家里还有一点钱，为了让母亲能吃点东西，小爱莲拉着妹妹到南京路永安百货公司，买了浓稠的果汁，回来一勺一勺地喂给母亲喝。看着懂事的女儿，余秀英流下了眼泪。

　　一个残阳如血的黄昏，也许考虑到大限将至，余秀英勉强支撑着骨瘦如柴的身子，坐了起来，把两个女儿叫到床前，用微弱的声音，缓缓说道：

　　"爱莲……妈妈……照顾不了你们了……你把妹妹……照顾好……"说着，泪水从她眼角缓缓流下来，虚弱的声音，像是从地下冒出来似的，一句话，足足说了几分钟。

　　望着眼前两个如花似玉的女儿，余秀英愁绪万端。

　　十月怀胎，含辛茹苦，两个女儿还没拉扯大，自己可能就要离开这个世界了，虽然上海解放了，但秋风落叶、刀光剑影、炮火硝烟，似乎还在眼前萦绕，经历过战乱痛苦和人生苦难的余秀英，担心两个柔弱的女儿在这个乱糟糟的世道能不能活下去。

　　她放心不下。

　　她还发愁她们以后的路该怎么走。

　　看着母亲孱弱不堪、上气不接下气的样子，小爱莲和妹妹好像明白了什么，伤心地号啕大哭起来。

　　翌日早晨，当小爱莲起床叫母亲时，却再也叫不醒了。

　　这样，在丈夫陈锡康离开人间的几个月后，妻子余秀英也离开了她挂念的尘世和孩子，走完了她短暂的一生。

　　……

　　陈爱莲回忆说，后来才知道，母亲患的是食道癌，吃不下东西，最后是活活饿死了。

母亲去世时，陈爱莲没有哭，她说，人在突如其来的大悲面前，会不知所措，以惊吓为主，是不会哭的。电影里演员号啕大哭的场景，她表示不能理解。痛定思痛，过后才会哭。

大悲无泪，这也许是一个大艺术家独特的人生感悟吧。

父母的离世，是陈爱莲生命中一道重要的分水岭，从此，她再也没有像其他小朋友那样，在父母的呵护下，享受少年时代的欢乐，而像一只被抛弃的雏鸟，开始独自翱翔蓝天，搏击人生的风雨了。

在小爱莲的眼里，1949 年上海的冬天，是黑色的冬天。

正当两个可怜的孤儿怀着焦灼苦闷的心情为生计、为前途暗暗啜泣时，永安里街道居委会伸出了温暖的双手。

城市中最基层的共产党组织——街道居委会，已遍地开花。

他们成了市民百姓最亲近的人。

居委会的叔叔阿姨们看在眼里，开始为两个孩子挨家挨户募捐，有钱的出钱，没钱的出物（米、面、菜等），并用捐款为余秀英办理了丧事。

陈爱莲每每回忆起此事，总是充满了感激之情。

剩余的募捐款在居委会那里保管着。每月初，居委会的阿姨发给他们5 元钱，作为每月的生活费。

然而，对于不会理财的孩子来说，这 5 块钱仅仅是杯水车薪，钱一到手，两人马上到弄堂里买糕点、小吃，一来二去，不到月底，就花光了。

美味对孩子来说，永远是难以抵制的诱惑，没钱怎么办呢？

她们走上了另一条路——捡垃圾……

不久，在党的关怀下，她和妹妹走进了上海收容站，到教会学校念了书。

第三章

"找针"表演，让她的命运转折

1952 年的夏初。

上海教会学校。

这是一个周末，窗外仍下着雨，陈爱莲和大多数同学一样，待在教室里静悄悄地上自习。忽然，门口传来班主任李老师的声音：

"陈爱莲，到我办公室来一趟！"

声音不大，但教室里的每个角落都听到了。

陈爱莲抬起头来，发现前排的几个同学纷纷投来疑惑的目光，因为，在平时，只有犯了错误的同学才被老师叫去。听到这话，连那些调皮捣蛋的男孩子心里都发颤，何况是一个豆蔻年华的少女呢？她的脸腾的一下红了，宛如一块红布，心跳不止，扑扑的。她不知道是怎么站起来的，怎么走进老师办公室的。

不过，走进班主任的屋门，让她大吃一惊，只见里面坐了几个素不相识、像老师模样的人，微带笑意，众目睽睽地望着她。

李老师也满脸笑意。不像是要批评人的架势。

她的心情稍稍有点平静，不过，让她丈二和尚——摸不着头脑了。原来，这些陌生人是从北京来的中央戏剧学院的老师，来上海招生的。陈爱莲心里纳闷了，北京的老师来上海，怎么跑到我们学校来呢？与自己有什么关系吗？

　　看到陈爱莲充满了疑问，一位叫曲浩的老师站起来，笑着向她讲述了事情的来龙去脉。

　　众所周知，20 世纪 50 年代初期的新中国，刚刚经历了战火的洗礼，国民党兵败大陆，留给共产党的是一副烂摊子，华夏大地，满目疮痍、一穷二白，以毛泽东为核心的新中国第一代领导人铁肩担道义，扛起了复兴民族的大旗。

　　一切领域都像初升的朝阳，冉冉升起：新中国的舞蹈事业就是在这种情况下，吹响了前进的号角。舞蹈从娃娃抓起……

　　陈爱莲昂着小脸蛋，似懂非懂地点着头。

　　当然，也由于小爱莲在学校跳集体舞小有名气，深受老师的喜爱。

　　考试的题目是一个小品："在地上找针"，主要是考模仿能力。

　　聪明的陈爱莲，脑海中马上想到小时候，妈妈缝制衣服时，针不小心掉在地上，让自己找针的情景。她心中一阵窃喜。于是，她像那时找针的样子，表演起来，她左瞅瞅，右瞧瞧，一脸焦急，忽然，一根细细的银针，在脚腿处静静地躺着，她眼睛一亮，轻轻地捏起来……

　　两分钟过后，一阵掌声响起来。

　　曲浩老师和另两名老师兴奋地一阵耳语。看得出，他们很满意。

　　"行了，小姑娘，你被录取了！"

　　……

　　班主任李老师走过来，握着几位考官的手，感激地说道：

　　"真是太感谢各位老师了！不过，她还有一个妹妹，也挺优秀的，要不，也来试试？"

　　"好好好……"

　　果然，妹妹陈美丽也不负众望，一考即中。

俩姐妹双双被录取，一时在一心孤儿院传为佳话。

采访中，陈爱莲感叹道，几十年过去了，她忘不了改变她命运的这一天，忘不了这个难忘的题目。后来，她在办舞蹈学校招生时，也常常用这个题目来考学生。她笑着说，艺术是来不得半点虚假的，谁欺骗艺术，艺术就欺骗他。

1952年10月初的一天早晨。上海火车站。细雨淅沥。

一列豆绿色的火车，缓缓地驶出站台，渐去渐远。陈爱莲伏在车窗旁，心潮起伏，她在《我是从孤儿院来的》一书中这样描述当时的心情：

我坐在北去的列车上，注视着车窗外渐渐消失的城市，心里好像卸掉了一块沉重的大石头，突然轻松了很多。我感到自己变成了一个新人，许多美丽的幻想飞进了我的脑际，我的心里也燃烧起了越来越旺的火焰，这火焰，直到今天仍然燃烧着……

两天两夜之后，陈爱莲和妹妹等十多个考上中央戏剧学院附属舞蹈团学员班的同学，终于来到了向往已久的北京城。

京华烟云，帝都气象，果然不同凡响。

陈爱莲在北京天安门留影

　　秋阳里，但见整齐宽阔的街衢，红砖绿瓦的故宫，美丽高耸的白塔……陈爱莲的心一下子被吸引住了，遗憾的是，大街上冷冷清清，看不到几个人影，但这不影响她的心情，路过天安门广场时，她特意照了张相片，看，那胖乎乎的瓜子脸，微带笑意的眼神，规规矩矩的两个羊角辫……"喀嚓"一声，定格了一个 13 岁的青春少女在走向人生未来的道路上对前途无限憧憬的美好瞬间！

第四章

北京什刹海边的轶事

学员班位于什刹海大翔凤胡同 20 号，一个清朝王府的四合院内。

什刹海，也写作"十刹海"，因四周原有十座佛寺而得名。景区碧波荡漾，风光秀丽，被誉为"北方的水乡"。

1953 年春天的一个早晨，陈爱莲和同学们在院子内的槐树下压腿、踢腿，十几岁的少女，正是做梦的季节，大家一边练功，一边谈论着昨夜做的美梦。

几个调皮的男同学喊喊喳喳，不时地哈哈大笑一场，与树上一群麻雀、喜鹊的叫声交织在一起，宛如一首交响乐，荡漾在院子里的角角落落。

陈爱莲和几个女同学在一旁一边练功，一边聆听，不时地也跟着哈哈大笑。笑声中，引来一位老师的目光。

谁呀？侯永奎老师。

这一天，正好他值日。

他一身白绸，脚穿黑色平底布鞋，从办公室门口过来，陈爱莲正在大笑，恰好冲着他，而那帮男同学背对着他，丝毫没有注意到后面有人，仍在肆无忌惮地嬉闹着。

"你这个孩子练功时怎么嘻嘻哈哈的，一点也没规矩！……"侯老师疾步走过来，对着陈爱莲，劈头盖脸就是一阵训斥。

1953 年陈爱莲在大翔凤胡同 20 号练功照

那帮同学像机器没油似的，"唰"地停止了说笑，纷纷扭过头来，吃惊地看着侯老师和陈爱莲。

陈爱莲又羞又气，绯红的脸颊顿时涨红了，一个十几岁的女孩子，大庭广众面前，受到批评，是一件很难为情的事，不一会儿，她眼里的泪珠在打转转。

这是她到北京后第一次受到严厉的批评。

她是委屈的，不服气的，本来，说笑话的是那帮调皮的男同学，受批评的应该是他们，可是，侯老师错以为是陈爱莲了。

后来，陈爱莲在校园里一看到侯老师的影子，都低着头，远远地躲开了。她害怕。

终于有一天，在屋檐下的过道里，陈爱莲和侯老师狭路相逢，想躲也躲不开了，不料，侯老师朗声道：

"陈爱莲，不错啊，好好练！"

陈爱莲几乎不敢相信自己的耳朵，望着侯老师远去的背影，她长长出口气，一颗悬着的心像石头落地一般，她感到有一种解脱和快慰。

一波刚平，一波又起。

一天，学校进行体检，她被诊断出肺结核，要她停止练功，隔离休息一个月！

听到这个黑色的消息，把陈爱莲急坏了。

说真的，刚开始还有点害怕。因为在新中国成立前，这是一种不治之症，她曾耳闻目睹许多人在痛苦与无奈中死去。不过，在老师的安慰下，她心定了许多。她更大的痛苦不是病，而是不能练功了，她扒着窗子，望着蓝天下自由飞翔的小鸟，一个个伙伴在老师的指导下练功，她心里像猫抓似的……

中央戏剧学院附属舞蹈团排练京剧《趟马》

她偷偷地流下了眼泪。

痛苦之际，她只好一个人在屋里压腿，下腰，她怕病好后落在别人的后边。

1953 年 7 月的一天，黎明。

红彤彤的阳光透过茂密苍翠的槐叶，洒满四合院内，也洒在陈爱莲和同学们的脸上，他们在槐树四周，一个个汗涔涔的，压腿、趟马、踢腿……

由于条件简陋，一个旦角男老师在一边敲着鼓，作为伴奏。

忽然，鼓停了，他大声道：

"停停停！"

陈爱莲正弯腰擦汗，扭头一看，只见那位老师满脸愤怒，正对着一个瘦小的男同学大声呵斥：

"你知道什么叫笨鸟先飞吗？就像你，条件也不怎么好，也不聪明，你就得笨鸟先飞，才能跟得上，追上去！……"

一帮同学，都停下了，怔怔地看着老师在训话。

陈爱莲在一旁听着。她是个爱思考的女孩子，她想，笨鸟先飞才能赶上，说明聪明鸟没有绝对的优势。她知道，当时自己在学员班已经崭露头角，不是笨鸟了，是聪明鸟了，老师和大演员曾私下里议论过她："咱们中国要出个乌兰诺娃，这个小孩，将来就是！"……你聪明鸟不飞，笨鸟就能赶上你，超过你，聪明鸟要有笨鸟先飞的精神，才能一直领先……

老师的一番话，对陈爱莲触动很大，她悟出了一个道理，就是无论干什么，"勤"字须当头，正像少年鲁迅一次上学迟到以后，在读书的八仙桌上，刻下"早"字一样。

这一点，她牢记终生。

在后来的舞蹈艺术道路上，陈爱莲养成了"一天三遍功"的习惯。直到今天77岁，仍坚持一天"三遍功"，雷打不动，要说秘籍，这也许就是吧。这在中国舞蹈界没有第二个人。

平时，学员班是早晨六点起床练功，陈爱莲想，既然要先飞，就要早起，自己应五点半起床，早起他们半个小时。可是，那么早，自己肯定醒不了，也没有表，怎么才能早起呢？

正在发愁之际，遇到一个姓尹的大哥哥学员，他对爱莲说："正好我也要早起，我有表，我叫你！"但他是个男学员，夏天太早了，又进不了女宿舍，后来他想了一个办法，就是晚上睡觉时，在陈爱莲的脚上拴上一根绳子，把绳子的另一头扔到窗外，每天早晨大哥哥一拉绳子，陈爱莲就醒了，她就蹑手蹑脚地起床了。

太阳出来了。

当同伴起床时，陈爱莲已练得满头大汗了。

除了练功，晚上，陈爱莲最喜欢的就是看老师和演员们排戏。

"北风那个吹，雪花那个飘……"每每走到大殿的窗户下，她的耳畔会响起那个美丽冷傲的喜儿的歌声，这是郭兰英老师饰演的《白毛女》。多少个夜晚，无论是寒风呼啸，还是月光皎洁，她都会独自一人或者和同学一起，来到大殿练功房趴在窗户下，看老师和大学员们排练。

舞姿很优美。歌声很动听。

她陶醉了。不知不觉，陈爱莲和剧情中的人物融合在一起了，她笑，她哭，她唱……自己好像是剧中的主人公。像白云生等老师的《游园惊梦》，侯永奎老师的《千里送京娘》，郭兰英老师的《白毛女》《小二黑结婚》，她都耳熟能详。

少年的模仿性是很强的。

每逢周六的晚上，宿舍成了临时舞台，他们把床铺拼起来，拉上帘子，在床上表演，并请老师来看。在饰演角色上，漂亮的女孩子们争吵不休，大家都是喜欢扮演美丽的公主、善良的姑娘。

有一次，他们演著名作家赵树理的名作《小二黑结婚》，戏都开演了，可是金旺没人演，陈爱莲急了，脱掉棉袄，大声说：

"我来演！"

大家怔住了，想不到陈爱莲这么勇敢，大家的目光里流露出赞叹、惊奇。

"好样的！"老师在一旁翘起了大拇指。

陈爱莲演的金旺惟妙惟肖，博得了满屋的阵阵掌声。

陈爱莲不仅舞蹈跳得好，学习成绩仍是名列前茅。每次考试，竟然门门都是满分。班上的同学称陈爱莲是神人！1954年，她考入中国第一所舞蹈学校——北京舞蹈学校。

在舞蹈学校练功

1954 年舞蹈学校上课时的照片

　　陈爱莲这么优秀，那么，在老师的眼中，她到底是一个什么样的学生呢？

　　一年之后，也就是 1955 年夏天一年级结束时，陈爱莲的班主任老师——丁美丽，给了她这样的评语："……但好高骛远"。

　　陈爱莲笑道，舞校五年，老师的评语很多，但只记住了这一句话。

　　她坦言，当时不能理解，但是，也许什么事情只有放到以后才能看清楚，正如历史由后人写才能公允一样，多年以后，她想，老师可能看出她是一个有远大志向的人，只是她在班上不爱说话，一心学习，才造成了这个印象。

舞蹈《春江花月夜》1959 年

第五章

陪毛主席跳舞

1955 年一个秋高气爽的周末下午。

快要下课时，班里几十名学生像麻雀出窝，叽叽喳喳，正在这时，一个院领导突然来到教室说："陈爱莲，下课后到院办一趟！"

对于这句话，如果是差生听到了，会感到大祸临头，而对于陈爱莲，就是一件什么好事。因为在当时，陈爱莲在舞蹈界已崭露头角，学习成绩名列前茅，已参加学校组织的演出多次。所以，一出教室，她哼着小曲，一蹦一跳地来到院办公室门前。

原来，是中央选派文工团员、舞蹈演员到中南海与领导人联欢伴舞的事情。

听到这个激动人心的消息，陈爱莲有点不相信自己的耳朵。中南海?! 那是什么地方？不是普通百姓想进就进的地方，古代是皇帝的家，今天是党中央和毛主席、周总理等领导人办公的地方，天哪，还是跟心中的"红太阳"跳舞，这是真的吗？

少女不敢想了。

她沉浸在幸福的眩晕中。

车子载着陈爱莲和另外两名同学，飞一般地驶向中南海。

在金碧辉煌的紫光阁前的草坪上，陈爱莲下了车，一看，十几名漂亮的大姑娘早已到了，她们神采飞扬，小声地议论着。

随后，在工作人员的引导下，她们来到餐厅就餐。晚餐很丰盛，什么大虾、牛排、鸡蛋、牛奶……显然，比学校食堂好得多。餐毕，穿过几道走廊，大家便来到了一个"工"字形的大厅内。

这就是中南海的舞厅。

十几个姑娘仿佛进入到另一个世界，叽叽喳喳地谈论着，陈爱莲用好奇的目光打量了一下，厅并不大，南北大约有十几米，东西有二十几米，周围放满了灰布沙发。天花板上，悬挂着光耀如银的玻璃灯，厅内弥漫着一层温馨的气氛，厅的一头，十几名乐队手，悠闲地鼓弄着手中长短不一的小号、长号、萨克斯，不时地试试效果。

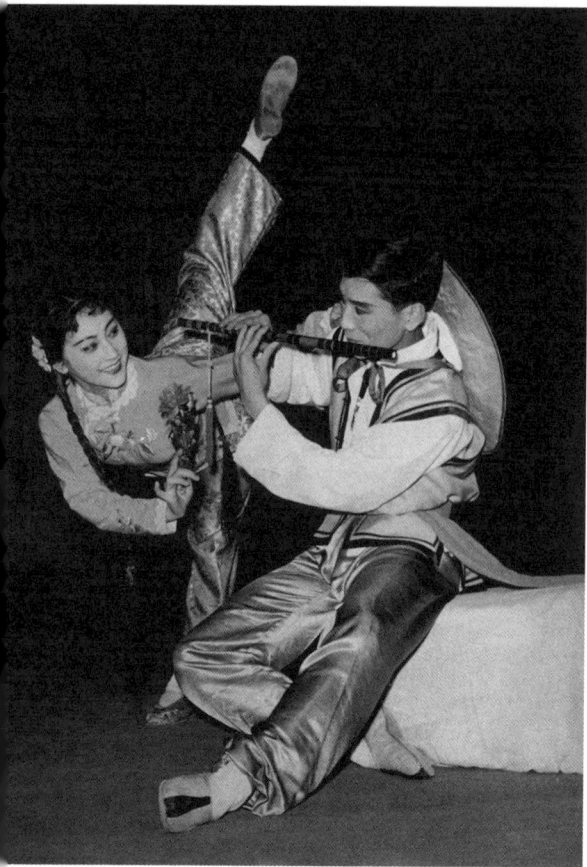

在中南海为毛主席等国家领导人表演舞蹈《牧笛》

一切就绪，大家等待着那一时刻的到来。

墙上的时钟重重地响了两下——八点了！

正说话间，门外传来一阵凌乱而清脆的皮鞋声，大家的目光不约而同地投向门口，不一会，一个魁梧的身影闪入大家的眼帘：

"是毛主席！毛主席！"

　　人群中出现一阵骚动。

　　"大家辛苦了！"一进门口，毛泽东举起右臂，用他特有的浓浓湘音，给大家打了个招呼。

　　陈爱莲一阵激动，踮起脚尖，放眼望去，只见毛主席上身穿着雪白的的确良衬衫，下身一条灰色的裤子，脚蹬黑色的皮鞋，显得朴素、干净、整洁。

　　1955年，毛泽东已是62岁的老人了，但此时他精力充沛，豪情满怀，正如他的一句诗形容的："为有牺牲多壮志，敢教日月换新天"。因为在他眼中，刚刚成立的新中国，经历了西藏和平解放、抗美援朝胜利、第一个

五年计划的顺利完成……共和国像战场上的英雄，无往而不胜。

他充满信心。

闲暇之余，他喜欢的换脑筋的方式，就是跳舞。

共和国的缔造者有这样的资格。

他一边招手，一边走进大厅，身后是大家熟悉的面孔：刘少奇、周恩来、朱德、陈毅……

毛泽东身材魁梧，红光满面，一副伟人的风采。毛泽东等坐定后不久，悠扬的歌曲响起来："……伟大领袖毛主席……"谁不想和毛泽东跳舞呢？女孩们排着队走过去，很快，毛泽东和其中一位扎着羊角辫的小姑娘走进了舞池。

一圈，两圈……

毛泽东为了照顾到每个女孩，一个曲子下来，能换四五个。轮到陈爱莲时，曲子刚开始，陈爱莲感到一只温厚柔软的大手，自己就像一只小白兔被捉着似的。毛泽东望着陈爱莲，慈祥的目光中流露出父辈般的关爱之情：

"小同志，哪里人啊？"

陈爱莲仰起娇羞的脸颊，轻声道：

"广东人！"

"哦，孙中山的老乡啊！"毛泽东顿时来了兴致，呵呵一笑，"哪个单位的？"

"北京舞蹈学校！"

"好好……"

这是毛泽东的谈话特点。遇到陌生人时，熟读史书的他，总是用这样特有的方式打开话匣子，以图来拉近双方感情的距离。

在舞蹈学校时照片

　　两个人边走边聊，一曲下来，陈爱莲惊讶地发现，毛泽东竟然没有换人！低头一看，原来，毛泽东跳舞有个特点，就是在跳舞时，他的手不时地拍打着陈爱莲的腰肢，陈爱莲也极力配合着毛泽东的节奏，身子摇晃着，任毛泽东轻轻地拍着。

　　毛泽东似乎意犹未尽。

　　但刚想跳下一曲，很快被别的女孩"抢"去了。

　　接着，陈爱莲又和刘少奇、周恩来、朱德等人轮流跳上一曲。

　　陈毅出过国，有点洋派的味道，人又豪放幽默，所以，很受舞伴们的欢迎。时间久了，站在一旁的夫人张茜有点担心，走过来说道：

　　"差不多了吧，该回去了吧？"

　　"最后一曲，最后一曲，着啥子急嘛！"陈毅一口四川口音，走着说着，惹得周围人笑起来。

　　美好的时光总是短暂的。不知不觉，一个小时过去了。

　　也许是考虑到身体的因素，跳一个小时后，在乐曲和大家的目送下，毛泽东等一行挥手离去。

　　陈爱莲坐车离开中南海时，将近晚上十点了，此时，长安街上，晚风徐徐，华灯璀璨。整个北京城，处在万家灯火之中。

　　陈爱莲告诉我，在人生后来的日子，常常在梦中再现这样的场景：

　　朱德衣着朴素，就像一个憨厚朴实的农民大伯，丝毫没有叱咤风云指挥千军万马的总司令派头；陈毅谈吐幽默，一个外交家的风采；周恩来很亲切，但还是有官员的架子；倒是刘少奇显得和蔼可亲……

　　梦境是心境的真实流露。

　　也许，这是一个少女对伟人印象的真实流露。

| 第六章 |

剧院外的叹息

1957 年冬季的一个黄昏。北京舞蹈学校校园内。一条爆炸性的消息在同学们中间传开：

"知道吗？乌兰诺娃来中国演出了！"

几天来的分分秒秒，陈爱莲和同学们一样，心儿像高速旋转的马达，始终处在飞快的旋转之中，学习、练功似乎也有点心不在焉了。

终于盼到了星期天。

早饭后，陈爱莲和几位同学，碗筷一放，手拉手，说说笑笑，步行直奔天桥剧场。

这是乌兰诺娃第一次来到中国，那时，苏联是国人心中的天堂，天堂里的大师来了，谁不想目睹一下风采呢？于是，出现了一票难求的局面。售票处早已告罄。校园里，哪位高班同学弄到一张票，大家羡慕得眼珠子都快蹦出来了。没办法，陈爱莲和几位同学决定碰碰运气，拿着平时从牙缝里挤出来的一点伙食尾巴，到剧场外，看看有没有临时退票的。

五分钟过去了，干等。

十分钟过去了，无望。

演出开始了。她隐隐约约听到剧场里传来一声声优美的乐声，她仿佛看到美丽的乌兰诺娃，在舞台上翩翩起舞，台下无数观众目不转睛幸福的表情。

演出仿佛是滚滚雷声从心头响过。

半个小时过去了，还是眼睁睁地看着一个个观众面带微笑，从容地从身边走过，迈进了剧场。

陈爱莲沮丧地低下了头，连连叹息：

"哎，真是急死人哪！"

正在这时，她忽然觉得背后有手轻轻地拍了一下。她吃惊地扭过头去一看，原来是自己的恩师李正一老师。

"咦，是李老师！"陈爱莲激动地走上前去，一下子挎着李老师的胳膊，"老师，您怎么在这儿，为啥不进场呢？"

李正一老师呵呵一笑。

原来，她有一张票，不料，在天津的一位朋友听说后，她的孩子嚷嚷着非要来看，好客的她一听，二话不说，当即让给了朋友。

"老师，您真是我们做人的榜样！"几个人异口同声，围了上去，一双双充满敬意的目光，落在李老师身上。

阳光下，她在人群中格外扎眼，只见她穿着一件加厚的黄色羽绒服，脖子里系着一条鲜红的围巾，慈祥的笑容、斑白的鬓发与暖暖的阳光交融，宛如一片美丽的剪影。

李老师是陈爱莲的恩师，平时，对陈爱莲像是对自己的孩子一样，既爱又严。

看到李老师，她眼前掠过一片难忘的"风景"。

那是刚进二年级的一个秋日的下午，在明窗净儿的排练厅里，陈爱莲和同学们正练着一个舞蹈动作"卧鱼"，由于陈爱莲的腿比较粗，盘起来很费力，尤其是快速旋转接卧鱼和跳起来在空中盘住再卧下去。练了一会儿，陈爱莲有点气馁，想停下来，在一旁指导的李老师看见了，走过来：

"陈爱莲，坚持住，'只要功夫深，铁杵磨成针'，你才刚开始练，不要灰心！"

陈爱莲嘴角挤出一点笑意，点了点头。

她一咬牙，心想，拼上了！

下来之后，膝盖都磨破了，回到宿舍，血和练功裤粘在了一起，疼得她嗷嗷叫，一宿舍的人都心疼得泪汪汪的。

就这样，一次次磨破，一次次结痂，李老师看在眼里，但从未叫停过。

过了一星期，李老师还买了一副护膝送给了陈爱莲。陈爱莲接过老师的护膝，感激的泪水"吧嗒吧嗒"地掉在地板上。

她知道，报答老师最好的方式就是咬紧牙关，继续练习。

天道酬勤。最后，陈爱莲过关了，李老师欣慰地笑了。

……

"哎，中国人多，暂时忍一忍吧！"李正一安慰道，"中午了，我请你们吃面茶去，顺便听我讲讲乌兰诺娃，如何？"

几个同学一阵欢呼，欢呼声把陈爱莲从回忆中拉了回来。

"没有见到乌兰诺娃，但听一听李老师讲乌兰诺娃，也算不虚此行啊！"陈爱莲挎着李老师的胳膊，哈哈大笑起来。

人群慢慢地散去，抬头一望，太阳已缓缓地爬上了头顶，树边的积雪在融化，浑身上下不觉暖洋洋的。

后来，著名诗人艾青观后，这样赞扬乌兰诺娃："比梦更美！比幻想更动人！"

舞剧《鱼美人》

第七章

《鱼美人》让她一举成名

午后，陈爱莲正在宿舍里看小说，忽听门口传来一个熟悉的喊声：

"陈爱莲！陈爱莲！"

陈爱莲慌忙下床，拉开门一看，是班主任，她笑着说道：

"下午自习上完后，到学校小会议室！"

"什么事啊？"

"呵呵，不用问了，你去了就知道了……"

说完，班主任神秘兮兮地笑了笑，转身就走了。

"陈爱莲来了！"班主任连忙起身，热情地朝坐里面那位相貌美丽、穿花格格羽绒服的女性说道，"于老师，这就是我给你们推荐的陈爱莲！"

陈爱莲像一个农村小姑娘，怯生生地站在大庭广众面前，脸上泛起淡淡的红晕，哦，她有点不好意思了。

这位于老师，就是著名的电影表演艺术家于蓝老师。

于蓝，1921年生于辽宁，因在电影《烈火中永生》饰演"江姐"而闻名中外，另外，在《革命家庭》《侦察兵》等电影中也扮演了让观众难以忘怀的角色。

1959年10月1日是共和国十周岁的日子，为了庆祝这一伟大的时刻，北京电影制片厂决定拍一部电影来作为献礼，影片名字叫《林家铺子》。

于蓝在这部电影中扮演主角，这次他们一行来，主要是挑饰演"明

北海留影

秀"的演员。

一听说选电影演员，陈爱莲马上来了精神，但是细细一想，又像泄了气的皮球。

可是，既然来了，就不能白来，按照他们的要求，陈爱莲认真地表演了一个小品——一个十五六岁的小姑娘，当听到商店货品被抢时，内心、表情和做出的举动。

一结束，屋内就响起了一阵掌声。

……

走出小会议室，屋外已是夜色沉沉了。

多少个日日夜夜，自己梦想着当电影演员，当童年的梦想失之交臂后，今天，机会又一次降临了……昏黄的路灯，像睡醒的醉汉的眼，寒风也温柔多了，没有了刚才的威猛与严厉，陈爱莲的心头热乎乎的……

两天后。

果然不出所料，陈爱莲被录取了！

可是，就在陈爱莲沉浸在一片喜悦之中时，校领导给她泼了一盆冷水：

"坚决不能让陈爱莲当电影演员，她是舞蹈料！"……

五十多年过去了，当陈爱莲回忆起当初的情景，不禁笑了，她说，如果走了，一脚踏进影视界，自己的影视才华就会绽放出来……看来领导是对的，如果放了，那么舞蹈界就没有陈爱莲了！

很快，陈爱莲演《鱼美人》一举成名。

1959 年，是共和国成立十周年，神州大地、各行各业都在热烈庆祝母亲十周岁。同时，北京舞蹈学校每年的毕业班，总要排一个作品，两者合在一起，一个著名的舞剧——《鱼美人》便诞生了。

《鱼美人》剧照

担任剧目总编导的是苏联著名专家古雪夫（后来被誉为"中国芭蕾舞之父"），还有几位崭露头角的青年教师来配合。

《鱼美人》是三幕神话舞剧。

内容的梗概是这样的：大海的公主鱼美人和陆地上的猎人相恋了。不料，遭到早已垂涎三尺的山妖的阻挠。经过一番磨难，猎人与鱼美人终于喜结良缘。不料，故事一波三折。山妖抢走了鱼美人。为救鱼美人，猎人孤胆闯进大森林，在七个人参小矮人的帮助下，最终，斩杀了山妖，救回了鱼美人。

故事内容跌宕起伏、扣人心弦，是一个很好的剧作。

西方人总有一股冒险精神，这次，古雪夫打破惯例，决定借鉴苏联的舞剧经验和艺术手法，将西方芭蕾与我国传统舞蹈艺术相结合，上演一个中西合璧的作品。他要向世人证明，中国民族舞剧芭蕾化不是一句空话。

演好演坏，关键是选好第一女主角。

领导在期待，老师在期待，全校的学生都在期待。

古雪夫不敢大意。

他开始"海选"了，他以挑剔的眼光在毕业班的学生中瞄来瞄去，最终，他选上了陈爱莲。

花落陈爱莲，几天来，全校的角角落落，到处是一片赞叹：

"陈爱莲学习太优秀了，鱼美人非她莫属！"

"鱼美人漂亮、迷人，陈爱莲的身段、气质都合适，古雪夫有眼光！"

"我太了解陈爱莲了，只是，这次不同以往，以前全是民族的形式民族的内容，现在引入芭蕾样式，要立足尖，她丢了两年了，能捡起来吗？"毕业班的宿舍内，一位熟悉陈爱莲的同学不无担忧地说道。

同学的担心是有道理的。自从陈爱莲分科到中国古典舞班，就很少练芭蕾了，芭蕾鞋早已束之高阁，现在突然重新捡回，无论对谁来说，都是一个不小的挑战。

明知山有虎，偏向虎山行。素来不服输、性情要强的她，怎能放弃呢？

晚上，她在日记中信誓旦旦地写道："演不好鱼美人，我不叫陈爱莲！"

排练开始了。

在偌大的排练厅内，乐声袅袅、人影幢幢，大个子古雪夫一身猩红的运动服，双臂抱在胸前，翘着俄国人特有的小胡子，在排练人群中到处走动，一边走，一边用生硬的中国话提醒道："手臂！手臂！"说着，耐心地扶一扶一个男演员的胳膊。

看到一个女演员在使劲地弯臂，差点跌倒，他有点不满意了，头摇着：

北海留影

"中国姑娘，身体太僵硬了！"

一转身，古雪夫走到了陈爱莲跟前，他凝眸片刻，似乎像换了一个人似的，眼睛里流露出少有的神采，翘起大拇指：

《鱼美人》剧照

"陈，棒极了！"

为了演好剧目，陈爱莲顶着七月的炎炎烈日，冒着三十多度的高温，四处拜师访友，洗耳恭听专家们的意见，到图书馆查阅资料，反复揣摩古代少女的心理。同时，她早晨和黄昏时到陶然亭公园，观察水中游鱼的神态，入神时，会像鱼儿一样，在水塘边手舞足蹈，游人看了，瞪大了眼睛：

"这个漂亮的姑娘，是不是有病？"

……

经过几个月的排练，演员之间，方方面面配合默契，可以正式登台演出了。

然而，天有不测风云，女孩子的"特殊情况"早不来晚不来，偏偏这个时候来了。陈爱莲像一只惊恐的小鹿，躲在宿舍里难过得快要哭了。最后，她决定首场演出不参加了。

"陈爱莲不想演了！"

消息传到了古雪夫那里，这个对陈爱莲一贯欣赏的苏联人愤怒了，像一个咆哮的雄狮发出了怒吼：

"陈，必须演！"

陈爱莲不好意思地摇摇头。

"就像《天鹅湖》，演不好没关系，因为《天鹅湖》已经成名了，演不好只能说明演员水平不高，而《鱼美人》呢？"他停顿了一下，大家望着他。

他站起来，激动地提高了腔调：

"它是新作品，你，不可以，必须演！"

最后几个字，很生硬，没有商量的余地。

……

1959 年 7 月 20 日夜晚，北京。

位于西长安街上的民族文化宫前，华灯璀璨，车水马龙，人来熙往，一场大型的舞蹈演出正在这里上演。

舞台上，优美的旋律、美妙的音乐时而把观众带到茫茫的大森林里，时而又带到光怪陆离的海底世界里，猎人、鱼美人、山妖矛盾重重……

这正是陈爱莲和其他北京舞蹈学校的同学们表演的三幕神话剧《鱼美人》。

1959 年《鱼美人》剧照

最后，在绿草苍茫的浪漫意境中，一声微弱的钢琴的弦声结束了全剧，而观众还沉浸在美妙的遐想中，没有反应过来……

演出结束了。全场观众都站起来了，大剧院的角角落落响起了经久不息的掌声。

《鱼美人》演出成功了！

偌大的大厅内，座无虚席。观众席上，一位衣着白色短袖、目光慈祥的特殊人物也鼓起了掌。他是谁呢？他就是共和国的主席——刘少奇。

演出结束了，刘少奇和夫人王光美、北京市的领导，信步走上舞台，同演员们一一握手，表示祝贺。当刘少奇走到主角陈爱莲跟前时，他一眼就认出了陈爱莲，朗声笑道：

"小陈啊，祝贺你演出成功！"

"谢谢主席！我还要继续努力！"陈爱莲握着刘少奇温暖的大手，谦虚地笑道。

"今天还是陈爱莲的生日呢！"人群中有人喊道。

"是吗？在中南海你可没告诉我呀？"刘少奇停下脚步，目光中流露出一丝惊喜，"看来，是双喜临门啊，祝你生日快乐！"说着，刘少奇又握了一下陈爱莲的小手。

刘少奇的幽默，引来周围人的一阵阵掌声。

旋即，陈爱莲因《鱼美人》的成功演出而名声大噪，从此，陈爱莲——一个青年舞蹈家开始被社会关注、喜爱。

|第八章|

爱情悄然来临的时候

"知道吗？咱们古典舞班又来了一位新老师，漂亮死了！"

"谁呀？谁呀？"

"谁？你猜猜！"

……

1959年9月初的一天上午，在北京舞蹈学校六年级的一间教室里，同学们一个个眉飞色舞，喊喊喳喳地议论着，猜测着。

不一会，上课的铃声响了。

教室马上平静下来。大家屏声静气地等待着，翘首凝望着窗外，正在迟疑，门口闪进两个身影，一前一后。男的叫杨宗光，是这个班的古典舞教师，大家把目光聚焦在女老师身上。

只见她上身一件粉红色碎花的确良衬衣，头上扎着两个俏皮的小辫子，脚蹬着一双半高跟乳白色的皮凉鞋，走起路来，发出清脆的响声……

"嗬，陈爱莲啊！"

大家交头接耳，教室里一阵轻微的骚动。

原来，就在这年的7月，陈爱莲带从北京舞蹈学校毕业了。毕业去哪呢？她留校当了老师。

由于年轻，而且上来就教六年级，她感到稚嫩的肩膀上有点沉重。虽然陈爱莲在学校成绩一向优秀，毕业成绩也是上海的鸭子——呱呱叫，但经验还是欠缺一些。为此，学校分配她给一个叫杨宗光的老师当助教，先锻炼锻炼。

杨老师高大英俊，才华横溢，是一个风华正茂的青年教师，在学校很有名气。给这样一个既酷又帅、帅而有才的人做助教，是许多女孩子梦寐以求的。

陈爱莲也是这样。正值青春年华的她，每每想起来，心中就会漾起一丝丝幸福和异样的微波。可是，开学没几天，她就不这样想了。

那是一个雨后的黄昏。

风，呼啦啦地刮着，晚饭后，陈爱莲由于个人"特殊情况"，晚去了几分钟。一路上，她哼着刚刚学会的《莫斯科郊外的晚上》，高高兴兴地向办公室走去。

刚走到门口，她就感觉气氛不对劲，只见明晃晃的灯光下，办公桌前空荡荡的，人呢？再一看，杨老师背对着门，站在窗前，眺望着窗外在风中狂舞的槐树枝丫。

"杨老师！"陈爱莲轻轻地叫

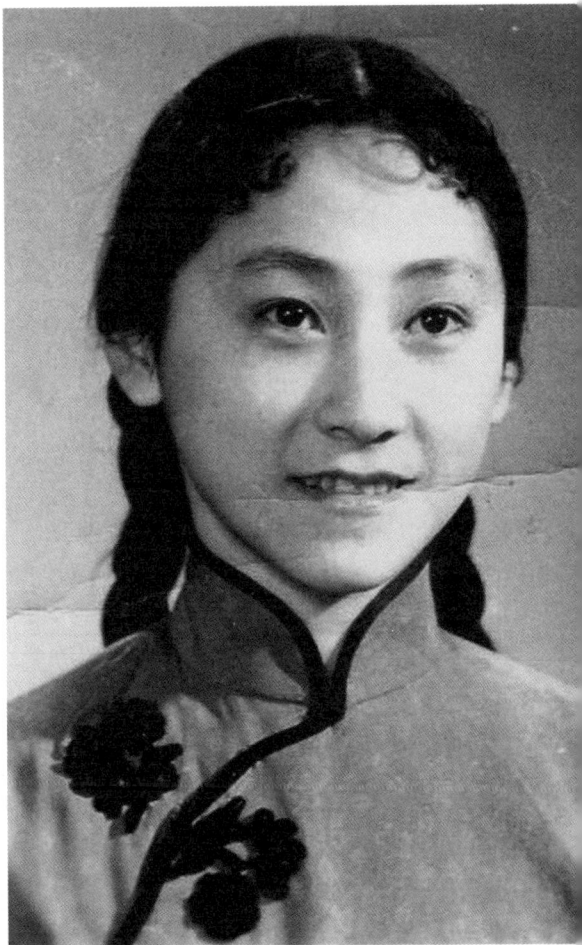

在舞蹈学校初任教员的陈爱莲

了一声。

杨宗光没吭声。

陈爱莲不好意思地伸了一下舌头。正在犹豫，杨宗光突然转过头来，一改往日的和气，口气变得严肃起来：

"你怎么迟到了？"

"哦，我，我……"望着杨老师威严的目光，陈爱莲低下头，涨红了脸，吞吞吐吐，满腹的委屈欲言又止。

"别说了，以后注意吧，咱们古典舞教学法教材，全国都在关注，正等着我们呢，时间很紧……"

原来，陈爱莲担任助教不久，她就参与杨老师编写《中国古典舞教学法》的工作，主要是帮助杨老师查查资料、誊写点稿子什么的。

这是新中国舞蹈学校编的第一部古典舞教材，上上下下都很重视，所以陈爱莲迟到时，一向对教学严厉的杨宗光发了火。

陈爱莲记不清是怎么坐到办公桌前的，糊里糊涂地忙了一晚上。

晚上，她回到宿舍，倒在床上，衣服也不脱，长吁短叹起来。

朦胧间，她想起前几天同事们聊天时说的一句话："跟'魔鬼'打交道，可要小心啊！"现在，她终于明白了这句话的分量。

困意袭来，她的眼皮在打架，渐渐地，她进入了梦乡。

工夫没有白搭的。后来，在北京举办的全国舞蹈教师培训会上，陈爱莲像一只美丽的孔雀，表演示范了此教材，受到一致好评。

第九章

四个世界金奖为他们的婚礼增光添彩

1962 年的夏天。

在陈爱莲记忆的深处，这是她一辈子也无法抹去的季节。

一个清风徐徐的上午，就在陈爱莲在办公室里正在备课时，杨宗光满脸是汗，风风火火地从外面闯了进来：

"小陈，芬兰赫尔辛基要举行世界青年舞蹈大赛了！"

陈爱莲抬头一怔，惊喜地说道：

"是吗？什么时候？"

"快了！再有俩月！"说着，杨宗光端着桌子上的茶缸子，"咕咚咕咚"地喝了两口，"这可是新中国成立以来第一次，也是咱们舞蹈学校成立后的第一次，机会难得啊！"

"是啊，杨老师，您那么优秀，您一定要报名参加，为国争光！"陈爱莲凝望着杨宗光，热情地笑道。

"嗨，我已经老了！"杨宗光摇摇头自嘲道，"还是毛主席那句话：'世界是属于你们的，也是属于我们的，但归根到底还是属于你们的。'"

陈爱莲"扑哧"一声笑了：

"杨老师真幽默！看您说的，您才多大啊？"说着，她娇嗔地望了杨宗光一眼。

杨宗光望了陈爱莲一眼，脸上有点泛红。

VIIIe
FESTIVAL MONDIAL
DE LA JEUNESSE ET DES ETUDIANTS
POUR LA PAIX ET L'AMITIE

DIPLOME

DECERNE A

Ensemble Artistique de la
Délégation de la Jeunesse Chinoise

AUX CONCOURS ARTISTIQUES
INTERNATIONAUX DANS LA SPECIALITE

danses folkloriques ensembles
professionnels

POUR LE JURY
INTERNATIONAL

POUR LE COMITE
INTERNATIONAL

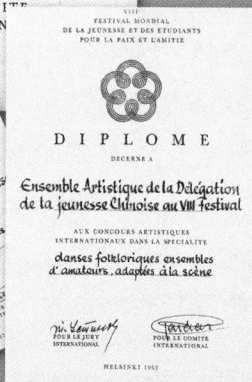

HELSINKI 1962

芬兰赫尔辛基世青节舞蹈大赛

1964 年出访莫斯科

陈爱莲的《草笠舞》获金奖

过了一会儿，她又问道："院里说什么条件了吗？"

"我看了，你都合格，不过，你的政治面貌……"杨宗光低下头，脸上露出一丝不好意思。

陈爱莲明白了，杨老师说的是自己入团的事。

他说到了自己的心痛处。

"人生能有几回搏？事在人为嘛，你先报名，说不定也许能成，我们都支持你！"杨宗光明亮的目光中，饱含着几分期待、几许安慰和不尽的鼓励。

果然，经过一番努力，陈爱莲加入了演员的排练队伍。

她不敢懈怠。每天一早，冒着酷暑，骑自行车到团中央的礼堂突击排练。日复一日，经过两个月的排练，节目终于可以成功演出了。

可是，"天有不测风云"，就在陈爱莲准备出国的前夕，担心的事还是发生了——她的政审还是卡壳了！

原来，这次出国任务重、规格高，上面要求演员的政治面貌一定要过关，虽说陈爱莲表现不错，单人舞、双人舞、群舞等，样样优秀，还特别勤奋，但"群众"的面貌，让领导犯愁了，在那个政治味浓厚的年代，政治面貌是第一位的，又红又专嘛，红是第一位的。

她想起一位院领导在会上曾打比方说，一个飞行员，技术很好，但政治不过关，执行任务时，就会开着飞机掉转机头往外国跑，那国家可算是竹篮打水——一场空，白培养了。

……

陈爱莲也明白这个理，但就是想不通，几天来，她茶饭不思，躺在宿舍里大门不出。

一天过去了。

两天过去了。

就在陈爱莲几乎绝望的时候，一个余晖洒满校园的傍晚，一位院领导匆匆来到她的宿舍门前，大声喊道：

"陈爱莲，好消息，你的政审通过了！"

躺在床上的陈爱莲像是遇到了救星，忽地坐了起来，慌忙穿好衣服，奔出门外：

"是真的吗？"她不敢相信自己的耳朵，惊愕？喜悦？站在那里，她呆了。

原来，出国人员的政审表送到团中央以后，时任团中央第一书记的胡耀邦，亲自审查，当看到陈爱莲的政审栏中还是"群众"时，二话不说，当即批示："特事特办，突击入团！"

听到院长的解释，陈爱莲内心涌起一阵阵感激的暖流，胡耀邦书记亲切的笑脸，像一片灿烂的云霞浮现在她的眼前……

好梦终于成真。

1962 年夏日的一天，陈爱莲和其他几十名青年演员，满载着无限的喜悦，从北京出发，坐火车到满洲里改轨，借道苏联去芬兰。

比赛正式开始了。

不久，一个阳光灿烂的午后，赫尔辛基一个城堡式的大剧院内，世界各国的青年艺术家们济济一堂，怀着浓厚的兴趣，来观看中国青年代表团的演出。

古老的东方艺术，像鲜花铺满的地毯一样，在观众面前徐徐展开了。

敦煌壁画、古筝演奏、书法艺术……

轮到舞蹈了。

掌声中，舞台上灯光渐渐显为深蓝色的夜幕下，一个橘黄色的圆盘肃穆地悬挂在天际，簇簇怒放的桃花开得鲜艳，滔滔江水畔，只见一个身着蓝色衣裙，身材苗条、明眸皓齿、天生丽质的中国姑娘，手持白色羽毛折扇，随着疏密有致的鼓声、箫声，翩翩起舞……

舞者通过"闻花"、"照影"（对着江水映照自己的身影）、"听鸟鸣"、"学鸟飞翔"以及"想象中的爱情幸福"等情节，表现了一个美丽的中国古代少女在春天的月夜，漫步于江边的花丛中，触景生情，幻想着自己将来美满、幸福的爱情生活的情景。

独舞《春江花月夜》获世界青年联欢节金奖

　　她的脚步时而欢快，时而沉重，眉宇间或喜或思，轻盈的舞姿宛如一只飞舞的蝴蝶在花丛中嬉戏。典雅、含蓄的基调和音乐雅致、清幽的意境交相辉映，把观众带到了一个柔美的世界里。

　　这正是陈爱莲表演的独舞《春江花月夜》。

　　大幕落下，华灯亮起，全场报以热烈的掌声，他们为中国艺术家的精彩演出而喝彩，为东方艺术的炫目耀眼而激动。

　　接着，陈爱莲又表演了双人舞《蛇舞》。蛇舞表现的是一个美女蛇以伪装来诱骗猎人的故事，陈爱莲饰演美女蛇，这是一个反面角色。

　　接着，陈爱莲和同伴合作表演了《弓舞》《草笠舞》……

《蛇舞》剧照

　　"东方艺术家太神奇了！"

　　"Great！ Beautiful！"

　　大幕落下，空旷的大厅内，响起海潮般的掌声。观众们纷纷站起来，掌声经久不息，像波浪一般在大厅内回荡。

　　陈爱莲像个快乐的天使，蹦蹦跳跳地和大家一起走上台去接受颁奖，此次演出，她一共获得四枚金质奖章。

第二天，赫尔辛基电视、报纸等各大媒体大造声势，隆重地报道了这一盛况，中国青年舞蹈家陈爱莲精湛的舞技、出神入化的东方神韵、古老的文化，开始通过图像、电波、文字，走入世界的角角落落。

走出剧院大门，陈爱莲如释重负，立刻被一群热情的各国观众包围了，鲜花、掌声、荣誉……

此次演出，获得四个金奖，陈爱莲一举成名，从此，奠定了她在中国舞坛的地位。

四个金奖为他们的婚礼增光添彩，不久她和杨宗光老师举行了婚礼。

幸福的二人世界

第十章

在"下马威"的面前

陈爱莲从舞校调进中国歌剧舞剧院大门,就遇到了一个"下马威"。

事情从排演一个朝鲜舞剧《红旗》说起。

这是流传在朝鲜的一个动人故事。

20世纪30年代,日本侵略者在朝鲜半岛肆意烧杀的时候,在山谷中的一个小村子里,有一个小姑娘叫福顺,因为她的父亲替鬼子做事,村里的孩子都不理她。福顺非常孤独、悲伤,也非常恨她的父亲。其实,她的父亲是一名地下工作者,后来为了诱使敌人进入游击队的包围圈,壮烈牺牲了。年幼的小福顺知道真相后,悲喜交加,于是,扛起父亲留下的红旗,投身到革命的洪流中去。

陈爱莲看完脚本,觉得自己就是福顺,她的痛苦就是自己的痛苦,她想到了自己的童年,想到了孤儿院的日子……

内心的火焰被点燃了,她产生了强烈的共鸣。

她很想饰演这个角色。

但是,令她想不到的是,在分工中,她被分到了B组,这等于是"候补"的位置。女主角由A组的一个同事饰演。

陈爱莲噘起了嘴,她有点想不通了。

在中国歌剧舞剧院排演节目的时候,会有好几组,采用竞赛机制,哪个组的状态好,就上哪组。难道真的像古人所云:"非我族类,其心

舞剧《红旗》

必异？"，自己是外来的？刚来的？……

陈爱莲不是那种会说顺情话的人，看到领导没有安排自己当主角，也就没有争取。排练时在一旁观摩、学习，但在内心里，她是多么想演这个角色啊！

苦闷中，让陈爱莲感到一丝欣慰的是，遇到了热心的朝鲜专家。

原来，为了提高节目质量，剧院领导派导演上朝鲜学习，回来之后给剧组演员拉路子，这样还不过瘾，还专门请来洪珍花、卫炳哲等艺术家进行专门指导。

陈爱莲很用功。每天上午，陈爱莲都是第一个到达排练厅，几个月来天天如此，时间久了，几个朝鲜专家看在眼里。再加上陈爱莲正值青春年华，美丽动人、专业底子好、身段柔软度佳等，于是，他们极力向院领导推荐陈爱莲主演。

这下可不得了了，一石激起千层浪。

"这陈爱莲，刚来就想挂头牌，还让别人活不活？"

"话不能那样说，人家在舞蹈学校时成绩就好，在赫尔辛基还得了四个金奖，有这个实力！"

"朝鲜人不了解中国的情况，净添乱子！"

……

一时间，歌舞剧院里，说什么的都有。

领导也被弄得很尴尬，听朝鲜艺术家的话吧，这对第一主角的自尊心是个伤害，不听他们的话吧，显得不尊重他们。

夜深了，剧院里静悄悄的，只有剧院小会议室里的灯还在亮着。

几个领导坐在沙发上愁眉苦脸，唉声叹气。

最后，经过痛苦的讨论，一致认为：外国人不懂中国的国情！

然而就在这时，第一主角出现了意外——小腿骨折了。

这几乎是晴天霹雳，急得领导团团转，这可怎么办呢？演出就像汽车没油似的，马上陷入了瘫痪。

这时，忽然有人说：

"不是有陈爱莲吗？"

一个领导嘴一咂，巴掌一拍，恍然大悟道：

"可不是，陈爱莲也排练了很长时间了……"

"她底子也不错，兴许能成，那就让她试试吧。"有人附和道。

就这样，陈爱莲才有上场的机会。

真是给点阳光就灿烂。舞台上，陈爱莲像铆足劲的马达，"突突突……"地响彻起来，在如诉如泣的音乐中，感人的故事情节，细腻、娴熟的舞技……现场观众很多都是一边鼓掌，一边流下激动的泪水，纷纷交头接耳：

"看，这才是真正的福顺哪！"

……

六十年代《蛇舞》剧照

　　现在，历经沧桑、走入夕阳红的陈爱莲，每每回忆起走过的路，表情总是充满了洒脱与刚毅。她笑着说，人生路上，人们关心的是你飞得高不高，而不是你飞得累不累，正如小说《红旗谱》中主人公朱老忠的一句名言："出水才看两腿泥"，这才是中国人惯有的心理。

　　她说，闲暇之余，她常常告诉自己的女儿，人生就是一场马拉松比赛，谁第一个跑到终点，谁才是最棒的。

舞剧《白毛女》

第十一章

医生悄悄告诉她说：你有喜了

1965 年除夕之夜，当小山村的上空鞭炮声声，家家户户热热闹闹地忙着包饺子，沉浸在一片喜气洋洋的气氛中时，陈爱莲却端着饭碗，突然感到恶心。

到大队卫生所一看，医生笑了：你有喜了。

啊，要做母亲了！陈爱莲一阵惊喜，她不敢相信，梦中的日子来得这么快，这么突然，母亲，世界上最伟大、最慈祥的字眼……蓦然间，天，变得更蓝了，地，变得更宽阔了，甚至她觉得，寒冷的风也有了几分少有的温柔。

她迫不及待地给丈夫杨宗光写信，告诉他他快做爸爸了。

……

回到歌剧舞剧院不久，陈爱莲又赶上了一件好事——新疆成立 10 周年庆典大型演出，但是，她不能去。

回忆中，陈爱莲连连感叹，新疆是一个令人向往的地方，那里有达坂城的传说，有天山脚下美丽的雪莲，还有浓郁的维族风情，羊肉串、哈密瓜……而且自己的新疆舞跳得也不错，可是，因为要生孩子，机会又一次擦肩而过。

一般女人怀孩子时，喜欢"保胎"，怕一伸手一抬腿，把孩子挤掉了。可陈爱莲则不然，回到单位后，一直坚持着工作，练功，只是不像以前次数多了。具体做什么呢？就是做排练的场记、编导助理等轻松些的工作。

　　还有教课。那时，歌剧舞剧院学员班在虎坊路的天桥剧场上课，夏天来了，天气一天天地变热，她全然不顾，步行三站地，天天如此，直到身体妊娠反应强烈。

　　过了春天，迎来夏天，过了夏天，迎来秋天，这个幸福的日子怎么这么漫长呢？

舞剧《刚果河在怒吼》

陈爱莲在心里默默地念叨着。

杨宗光在幸福的忐忑中焦急地期盼着。

1965 年 9 月 25 日，早晨六点半。

蓝莹莹的天空，没有一丝云影，院中，紫红的冬青花、洁白的玫瑰花颔首微笑，微风过处，送来缕缕清香……这一切，仿佛是为迎接新生儿诞生似的。

陈爱莲还没起床，突然感到一阵疼痛，七点半，疼痛又来了……

杨宗光高兴得像个小孩子一般，在屋里跑来跑去，一会儿到厨房端饭，一会儿蹲下来把脸贴在妻子的腹部，兴奋地听一听：

"爱莲，你听，咚咚的，像个男孩，他好像在打拳吧？"

"瞎说，我感觉像个女孩子，好像在跳皮筋……"

夫妻两人打着赌，笑着争来争去。一直到八点，才拿着准备好的小衣服出了家门，步行去友谊医院。

晚上八点多钟，在一间干净整洁的产房里，传来了一声清亮而悠长的啼哭声。

——陈爱莲的第一个女儿出生了！

嗬，小脸蛋红扑扑的，像秋天的红苹果，还没睁开眼，长长的眼睛……呵呵，还认生呢，看一眼就哇哇地大哭起来了……

26 岁的陈爱莲第一次尝到做母亲的滋味，她怀抱着新生的婴儿，一脸幸福，左看右看……

晚上九点多，杨宗光送来了可口的饭菜。

做爸爸了！杨宗光的脸上泛着淡淡的红光，走起路来像喝醉一样，在医生和护士的祝福声中，他几乎陶醉了。

笑谈中，陈爱莲说，十月怀胎，自己是"馅大皮薄"的那种，生产时很顺利，不像有的人一怀孕就吃成了肥婆，生产时像母鸡下蛋似的，很难。

这也许是艺术家与众不同之处吧。

望子成龙，望女成凤，是天下父母共同的心愿。出生不久，陈爱莲和丈夫一商量，给孩子取名叫杨婕，来自唐朝女官名婕妤的第一个字，希望女儿将来成才。"文革"中，杨宗光去世后，女儿改名为"陈杰"、"陈洁"，这是后话。

三天后，陈爱莲就出院了。

一周之后，她开始下地走动了。

不到一个月，她又开始练腹肌，恢复练功运动。

五十四天产假结束后，陈爱莲开始上班了。

|第十二章|

最爱最疼她的人走了

陈爱莲一家人从山东探亲回到北京时，剧院的"文革"活动仍在如火如荼地进行着。

这时，"工宣队"和"军宣队"先后进来了，成了剧院的领导。开始正式揪"反动学术权威"、"走资派"。单位开始忙碌起来了。

每天早晨起来，演员都不练功了，八点就开会，学习，讨论，检查，批判，有时，一直忙到晚上九点多。"累，一天到晚忙得要死！"陈爱莲回忆道。

当时，陈爱莲虽然坐在群众的位置上，当看客，看别人批判领导和学术权威，但常常也是被捎带的人，还有大字报上也有暗示。

乌云滚滚，暴雨将至，陈爱莲感到形势岌岌可危，虽然自己没有被揪出来，但一些红卫兵小将脾气发作时，会狠狠地甩出几句："陈爱莲，小心点，老实学习、揭发，要不然马上把你揪出来！……"这等于自己是"后备队员"，陈爱莲的心里整天提心吊胆，紧张得要死。

在当时，所有专业尖子都是遭人嫉妒和仇恨的，疯狂的人们心灵已经扭曲了，麻木了。首当其冲的是高校的知识分子，像清华、北大的一些老教授，被剃"阴阳头"，戴"高帽子"，"坐飞机"，连知识分子的精英、社会的良心都遭此厄运，况其他人乎？著名作家老舍不堪凌辱投湖自杀，著名翻译家傅雷夫妇上吊自杀，都是在这一时期前后。

杨宗光的处境更加糟糕。

他所在的北京舞蹈学院，分成两派，闹得更凶，风潮更猛。

9月的一天晚上，陈爱莲做好饭，干等，丈夫就是没有回来，九点多钟了，饭菜都快凉了，门突然开了，杨宗光低着头，拖着沉重的步履，走进了家门。

"宗光，怎么这么晚才回来？"陈爱莲迎上前去，焦急地问道。

"唉！"杨宗光长叹一声，一屁股倒在沙发上，面色显得很疲惫，疲惫中还夹杂着一丝痛苦和困惑，良久，嘴角蹦出两个字："批——斗……"

陈爱莲哑口无言，默然地望着丈夫，心里有些心酸。女儿玩了一天，已经睡了。只有桌子上的闹钟在兴奋地嘀嗒着。

几分钟后，杨宗光黯然说道："爱莲，我不能每晚回来住了，得住学校了。"

"干吗呢，骑自行车五分钟，拐个弯儿就回来了，为啥不回来住了？"一般地，一到晚上，女性总是有点胆小的。一听这话，陈爱莲沉不住气了。

西班牙露天为上万人演出《春江花月夜》

"不是，太紧张了……"

接着，他心情沉重地讲述了事情的前前后后。

原来，杨宗光白天到单位上班，中午一般不回来午休，学校给老师们分有临时休息的宿舍，几个老师一间。当时，杨宗光、唐满城等住一个屋。几个人都是有思想的，对于突如其来的政治风雨，兴风作浪的群魔、小丑，难免发一阵议论，甚至牢骚。正像俚语说的："管天管地，管不住老子放屁。"不料，风声走漏了，"砸三旧"的人把几个人休息的屋子定为"反革命老巢"，很快，唐满城就被铐走了，罪名是"反江青"。后来有一次，他们把唐满城从监狱里提出来批斗，会上，旁敲侧击地暗示道："不止这一个，还有呢！"果然，不久领导找他谈话，点了他。文人都是敏感的，杨宗光似乎嗅出一点异样的气息，他的心，再也不平静了……

杨宗光说完后，头歪在了一边。陈爱莲站起来端来一杯凉开水，坐下来鼓励道：

"没问题，我相信你没问题！我支持你！"

杨宗光有气无力地摇了摇头。

……

几天后。

那是一个像往常一样平静的夜晚。陈爱莲由于开了一天会，太累，加上那天恰好是女性的"特殊情况"，于是就早早地先睡了。十点多钟，门响了，丈夫回来了。

"你怎么回来得这么晚？"陈爱莲翻了个身，拉亮了灯。

"啊，那边的事特别多。"

想到明天还要上班，批斗，陈爱莲低语道："那就洗洗早点睡吧！"

洗漱完毕，杨宗光走到里屋，脱衣上床，"没事的，放心吧……"说

陈爱莲与杨宗光

着，俯下身子轻轻地吻了一下妻子的额头。

灯，拉灭了。

可是，第二天早晨醒来一看，陈爱莲大吃一惊，床边除了女儿还在甜甜地睡着，丈夫早已不见踪影。按照往常，丈夫走时会给自己打声招呼的。这是为什么呢？

也许是急着去上班，陈爱莲没太在意。

上午，陈爱莲正在开会，院部保卫科的一名干部神色慌张地赶到排练厅门口：

"陈爱莲，你出来一趟！"

出了门，陈爱莲心神不宁地跟着往前走，走到墙角处，那人突然停下脚步，回过身来，冷不丁地冒出一句：

"你丈夫自杀了！"

"什么？"陈爱莲愣住了，她满脸惊愕，她觉得似乎听错了，想再问一句，那人又郑重地点了点头。

话音不重，仅仅六个字，但却像千钧滚石碾过陈爱莲的胸腔，像呼啸的利箭穿进她的心……她瞪大了眼睛，脑海一片空白，空气凝固了，万籁俱寂了，她感到眼前一片漆黑。泪水瞬间滑落下来，打湿了衣衫，打湿了眼前的世界。

十几分钟过去了。

她忍着悲痛，结结巴巴地说，"你，你胡说！这不可能！你说话要负责任的！"

"这是真的……"接着，那名干部把事情的前因后果一五一十地讲了一遍。

陈爱莲立在那里，呆呆地，像个木桩，她仿佛坠入了万丈深渊。

"你要不要去看一看？"良久，那人低语道。

陈爱莲啜泣着，拭去泪水，哽咽着：

"不……用了……"

面对突如其来的噩耗，陈爱莲几乎吓傻了。

秋风悲鸣，草木默然。

杨宗光的离去，给陈爱莲的心灵带来巨大的打击。

数日里，她茶饭不思，悲痛欲绝，干什么都丢三落四。她的精神几乎快崩溃了。

她请了假。整日独自待在屋里，捧着自己和丈夫的合影照，任泪水肆意飞洒，撕心裂肺地呼唤……宗光啊，你怎么不明不白地走呢？……你怎么撇下我们娘俩呢？我的命好苦啊……她知道，在这个乱糟糟的岁月里，孤女寡母，今后的日子会是什么样……

晚上，等女儿睡着了，她独自在灯下呆呆地失神。光影中，一会儿，杨宗光微笑着向她走来，"爱莲，我爱你！"那是丈夫向自己求爱的情景……一会儿，在塔光湖影里，两人十指相扣，她斜靠在丈夫的肩膀上，听着杨宗光山盟海誓……夕阳中，在海边的沙滩上，自己躺在丈夫的怀中，望着霞光万道、海鸥飞翔、波浪轻逐的情景，任海风轻轻吹拂，沉浸在幸福的遐想中……

而今，这一切的美好记忆蒙上了一层黑漆漆的阴影……

三天三夜，她没合过一次眼。

她在《走来》一书中这样描述：

"我好像做了一场噩梦，醒来之后，一切全变了样，恍如隔世。我又一次失去了记忆，就像小时候母亲突然去世时一样。眼前的一切全是模糊不清，什么也记不起来了，似乎不知道悲伤，像白痴一样，脑子里只剩下一团漆黑的阴影，脚底下也好像踩着棉花，走起路来软绵绵的。"

从此，她开始失眠，白天不能见光，不能听到屋内有动静，恍惚中，总感到丈夫回来了，回来了……精神处于一种极度不好的状态。

丈夫到底是怎么死的呢？

灵魂深处，这似乎是一个永远无法揭开的谜。

由于极度悲痛，那天，她没有随保卫科的干部去现场。去现场的亲属是杨宗光的妹妹、妹夫等人。

火化的日子，悄然而至。

车子缓缓地驶进了庄严肃穆的八宝山公墓。

她一袭黑衣，臂缠黑纱，一脸悲凄，随着几个亲人缓步来到殡仪馆。当她走进大门时，远远看到正厅上方悬挂着丈夫的遗像，遗像下安然躺着的丈夫的遗体。

她的泪水一下子涌了出来……

亲人啊，我来晚了……

泪在飞，血在涌，往事的一幕幕在心头滚过……

苦闷的日子里，只有小杨婕能够给陈爱莲带来一丝安慰。另外，还有她对民族舞蹈的信念和追求。

正像鲁迅先生在一篇文章中所言："沉默呵，沉默呵！不在沉默中爆发，就在沉默中灭亡！"在国乱、心乱的日子里，陈爱莲没有被痛苦压倒，她仿佛听到舞蹈的召唤声，她毅然选择了自己钟爱的事业——丈夫去世的第四天，她又默默地出现在练功厅里。忙于"革命"的人瞪大了眼睛：

"这陈爱莲……"

旋转、跳跃……跳着，跳着，她似乎忘记了一切。

舞蹈之光像多彩的光环，笼罩了陈爱莲的全身。只有这时，她才忘记了一切的烦恼和心痛。

舞剧《霸王别姬》

第十三章
一不留神，她被划为"五·一六"分子

一阵北风吹过，枯叶从枝头哗哗落下。1968 年的冬天来了。

就在陈爱莲刚刚从丧夫之痛中解脱出来不久，她又被划为"五·一六"分子。

冬去春来，1969 年的春天姗姗来临了。

早春二月，一天上午。

吃过早饭，各单位的人们像赶集似的，三三两两地来到虎坊路上的一个会场。

会场内外，红旗招展，人头攒动，会场两侧悬挂着红色布幅："毛泽东思想万岁！""我们是毛主席的接班人！"树杈上，灰色的高音喇叭里放着《大海航行靠舵手》，熟悉的歌声引得一些人嘴中喃喃有词，脸上洋溢着一丝激动和幸福。

一群戴着红袖章的红卫兵，站在主席台上，像接受检阅似的，神气冲天。

会议一开始，红卫兵点了几十个人的名。台下人群中嚷嚷开了，一些人开始垂头丧气，唉声叹气，在红卫兵的颐指气使下，这些人陆陆续续走上台区，开始"交代"自己的问题。

陈爱莲也参加了，她站在会场的角落里，静静地听着，看着，有红旗公社的，也有"砸三旧"的人，有些名字她熟悉，有些她陌生……

她看着台上一群红卫兵群魔乱舞的样子，就觉得很可笑。在她眼里，一张张稚嫩的脸变成了一个个凶神恶煞，一张张白纸被玷污了……她的内心一阵发凉。

大历史下的小人物啊，命运多么卑微！她有些感叹……她的头脑是冷静的。

忽然，喧闹声中，一个四十多岁、戴着一副深度眼镜、眼睛下隆起厚厚眼袋的中年男子，被点了名，模样像是一名知识分子。

那人挪着小脚老太太的步子，支气管炎，嘴里如拉风箱，走起路来屁股一撅一撅的，样子有点滑稽，人群中有人窃笑。

正在这时，台上的一个红小将手指着，忽然大声地喊着：

"陈爱莲！"

陈爱莲一愣，脸上一阵发热，她感到喉咙里发痒，有什么噎着似的，也许抱着一丝侥幸心理，她站在那里没有动。

"陈爱莲，说你呢！装什么蒜？"红小将提高了嗓门，重复了一遍。会场里几百双火辣辣的目光齐刷刷地向她射来。她恨不得地下马上发生八级地震，自己钻进地缝里。

看来是躲不过了。晕晕乎乎的，她不知怎么走上台的，她站在刚才那个中年人的后边。

这时，一个十五六岁的女红卫兵走过来，厉声道：

"你和谁一块参加的组织？你和谁最近？"

她脸扭向一边，嘬嚅了一句：

"我没有参加……"

"不可能，有人揭发你了！你想想，到底和谁？"

……

　　几个月里，陈爱莲天天参加批斗，红卫兵总是在"启发"她，交代和谁在一起。

　　由于这是"莫须有"的问题，也没有定性。但已走到了河边，水星子能不溅着自己吗？她总感到形势不妙，内心时时潜生着一丝隐忧。

　　果然，有一天晚上，在单位的批判会上，一名红卫兵把她叫到了隔壁，找她谈话，最后，厉声说道：

　　"陈爱莲，你就是'五·一六'分子！开始隔离审查！"

　　……

　　就这样，陈爱莲稀里糊涂地成了时代旋涡中的一名悲剧人物。

|第十四章|

塞外的风，塞外的雪

1970 年 5 月的一天上午，陈爱莲正在房间里练功，门外忽然传来一个熟悉的声音："陈爱莲，出来吧！你可以回家了！"

听到这个声音，她有点不敢相信自己的耳朵，以为听错了，她犹豫着走到门口，吱扭一声拉开了门，只见那两个熟悉而厌恶的看守，一改往日的威严，此时笑而不语。

她站在那里，愣了一会儿，面无表情，可内心一阵狂喜，一股激动的泉流瞬间涌遍全身，啊，日思夜想，盼了多久的日子，终于到来了。

她转身匆忙地收拾了一下行李，朝冰冷潮湿的小屋瞥了一眼，像一只出笼的小鸟跃出了屋门，从此，告别了三个月的"牢狱"生活。

她高兴极了，一脚跨进久违而熟悉的家门，像个小孩子一般，一会儿摸摸这儿，一会儿瞅瞅那儿，慢慢地，她的眼睛有点湿润了……

她以为"解放"了，可是，高兴没多久，一股忧愁又袭上她的心头。

这是怎么回事呢？原来，她被告知，三天以后，文化部下属的所有单位，除了样板团以外，全部下放张家口地区劳动。中国歌剧舞剧院自然也在此列。这时，她才明白"解放"的原因。

塞外的初夏，风光不与四时同。

陈爱莲下放劳动的农场位于北京西北角一百多公里处太行山下一个叫蔚县西河营的地方，据说是以抗美援朝名震世界的"万岁军"——38 军的一个农场。在那里，下放了文化部下属的很多单位，像中央戏剧学院，中国歌剧舞剧院、北京电影学院等。

这些演员到那里干什么呢？

他们的任务是一边劳动改造，一边搞运动。

那么，他们一天的生活又是怎么度过的呢？

黎明，曙色熹微，万籁俱寂。忽然，嘀嘀嗒嗒……一声清脆的军号声划破黎明的上空，把熟睡的演员们从梦乡中唤醒。接着，院子里一阵骚动声、口号声：集合、军训、列队、跑步……

早饭之后，上午八点到九点，开始执行周总理的指示——练功。九点之后，集合，整装待发，到田里种稻子。中午时分，饭送到了田地头，吃完之后，接着干活。太阳下山时，披着夕阳的余晖，一行几十人又回到了农场。

晚饭后，开批判会，写交代材料，然后睡觉。

……

日子如缓缓流淌的小河，平静而单调，在最初的几个月里，陈爱莲每天的生活就是这样度过的。

他们住的集体宿舍，靠窗的一排炕，住四个人，靠墙的也是一排炕，也住四个人，中间隔一个过道。一屋八个人，夏天凑在一块儿，简直像是焐酱馍似的，热得够呛，怎么办呢？大家轮流挑水"洗澡"。

院子中间，有一个数丈深的辘轳井，挑来水后，倒进门后的水缸里。每天早晨出工前，各人端一盆水放到门口，经过一天的暴晒后，晚上临睡前擦洗时，那水是温的。洗起来倒也凑合。

立冬过后，西伯利亚寒流肆虐起来，一阵寒风吹过，纷纷扬扬的大雪飘下来了。

大地一片静寂。农场的院子里整日静悄悄的。所有人开始"猫冬"了，大家吃过饭后，除了开会，就待在屋里无所事事。

寒气袭人，他们就在过道的中间生了个小火炉，在上面烧点热水。捡来的干柴，毕毕剥剥，燃起熊熊的火苗，映得个个满脸通红，像喝醉酒似的。晚上，一屋人围着土炉子，一边泡脚，一边尽情地开着玩笑，讲一讲听来的花边新闻，诸如某某给某某起了个外号，某某有什么特殊的嗜好，谁和谁好上了……

每每这时，陈爱莲总是洗耳恭听，付之一笑。

寒夜，窗外朔风呼啸，竖耳一听，似乎能听到一两声远处山坳里狼的叫声，屋内，热气腾腾，嬉闹声一片，但遗憾的是不能洗澡。

夜晚，是耗子们工作的时候，它们蛰伏了一天，就等着夜幕降临。这里的耗子个头大，数量多，扰得他们不得安宁。常常早晨醒来一看，在水缸里有不慎落水者……

农场生活虽然苦，但大家都是一个单位的，凑在一起，还像在北京时一样，热热闹闹，互相关照着，精神上也不觉得孤独。

后来，队里有人调回了芭蕾舞团。这更加剧了人们心头的绝望。

谁呢？陈丽汶！

她是陈爱莲在舞校时教过的学生，后来嫁给了乒乓球世界冠军徐寅生。

徐寅生，1938 年生于上海，号称乒坛"智多星"，不仅球打得好，而且人也长得帅。曾获得世界乒乓球男子单打、双打、团体等多项世界冠军，后来曾任国家体委主任等职。

消息传开，不亚于发生了一次强烈的地震，夜晚，宿舍像是扔进了一枚炸弹，热闹开了：

"说是一年，怎么说变就变，说话咋恁不算数呢！"

"这不是把我们抛弃了吗？还是人家陈丽汶有能耐，说走就走，哼！"

"不服气咋的？人家嫁了好丈夫，你呢？"

……

大家七嘴八舌，叹息、埋怨、气愤……屋里吵成了一锅粥。

陈爱莲躺在炕上，静静地听着大家的牢骚，她感到耳朵发热，心跳加快，一股难以抑制的不平凝结在喉咙里，于是，她也加入了发牢骚的行列……可是一阵发泄之后，理智和经验告诉她，这不是办法，最终还得面对现实。

渐渐地，她眼前浮现出一张美丽的笑脸……

那是在舞校的时候。一个夏日的黄昏，陈爱莲外出办事归来，正走着，头顶上飘来一朵乌云，说话间，豆粒大的雨点唰唰地落下来。人们大呼小叫，四处逃窜，陈爱莲没有带伞，慌忙中，躲进一个汽车候车亭避雨，脚刚一站稳，正在这时，一个甜甜的声音飘进耳鼓：

"陈老师！"

谁呀？陈爱莲心中一愣，转身一看，原来是自己的学生陈丽汶。

"丽汶，你怎么在这儿？"陈爱莲喘息未定，凑了过去。

"啊，我刚从老家回来，我妈喜欢文学，我刚去王府井新华书店回来，这不——"说着，从一个手提的印着毛主席语录的黄色帆布包里掏出一本《钢铁是怎样炼成的》的小说，递给了陈爱莲。

"哦。"陈爱莲抿了一下鼻翼上的雨珠，在身上擦了擦手，笑着接过来，"呵呵，你真是一位孝顺的姑娘啊！"

抚摸着崭新的书本，望着眼前这位脸若桃花的漂亮姑娘，一种无名的好感涌上心头。

……

一面之词，是不公允的。趋利避害，是人的本能，放到谁头上，都会这样做的。想到这里，她浮躁的心开始平静下来。

从此，一团阴云笼罩在每个人的心头上空，很多人都灰心丧气了，见面就是唉声叹气。早饭过后，土操场上，冷冷清清，昔日热闹的练功场面不见了，许多人开始在屋里躺床上织毛衣的织毛衣，看书的看书，补觉的补觉……

虽然这样，但其他人没有变动，仍是坚决贯彻周总理的指示，一小时的练功时间没有改动。

陈爱莲是怎么做的呢？她选择了练功！

第十五章

自学编导，华丽转身

1975 年的春天，在燕语呢喃中，悄然来到了。

这年春天，中国歌剧舞剧院开始排练节目了。听到这个消息，全院欢呼，陈爱莲也高兴得差点掉下眼泪来。"莫道浮云终蔽日，严冬过后绽春蕾。"她吟咏起古诗。

历尽艰辛和精神折磨，就是为了这一天。

这一天，终于到来了。

她能不兴奋吗？

这时，大家像睡醒了似的，开始练功了，排练厅里，乐声、笑声，连绵不断。

当时，文化部体制进行改革，中国歌剧舞剧院变成了中国歌舞团，东方歌舞团也归入中国歌舞团，陈爱莲摇身一变，成了歌舞团的一分子了。

换汤不换药，只要能让演出，饰演角色，怎么变我都不管，陈爱莲心里想。

当时，单位排练了很多节目，不过，给陈爱莲印象深的是《草原女民兵》，这是一部主旋律舞剧。顾名思义，塑造的是一群保卫祖国边疆的草原女民兵形象。

陈爱莲太想演了。亲自找了领导，结果，一句话让她哑口无言：

"你没有革命气质！"

　　陈爱莲想不通了。她不明白什么叫革命气质，自己从孤儿院走来，一心爱着共产党，党让干啥就干啥，在革命的运动大浪中游泳，难道，这还没有革命气质吗？

　　仔细一问，原来自己是一直饰演才子佳人、花鸟虫鱼类型的，可这话怎么没说别人呢？为什么别人都归位了，自己老是被甩在了一边？

　　欲加之罪，何患无辞！她气愤地自言自语道。

　　也许是骨子里流淌着祖上闯荡上海倔强不屈的血汁，也许是孤儿坎坷的经历，陈爱莲的逆反心理表现出来，她想，你说我没有革命气质，我就偃旗息鼓了？

舞剧《敌后交通员》

不，我陈爱莲不是说说就趴下的人，她想起自己几十年人生的风雨历程……

　　那我就表现出革命气质，让你们看看！最后，她心一横，决定尝试一下。

　　于是，她开始学做编导，准备编一个有革命气质的舞剧。

　　回忆中，她笑着自我评价道，自己是橡皮球，别人挤对一下，自己就

弹跳起来了。

可是，这是大闺女上轿——头一回，白手起家，总得找个师傅吧，找谁呢？

黄伯寿！

黄伯寿，1928 年出生于山东一个贫苦家庭，1946 年参加中国人民解放军，新中国成立后任北京军区歌舞团编导，后来毕业于北京舞蹈学校编导班，说来，与陈爱莲也是校友，当时，她的爱人陈良环与陈爱莲一个单位，两家住一个单元。

几层关系，使两家住在一起，关系非同一般。

那是七月的一天晚上，窗外，知了在拼命地嘶叫着，天气闷热潮湿，空气中快要拧出水来。

吃过晚饭，女儿出去玩去了，陈爱莲做了一天家务，有点累，加上天热，心里有点不耐烦。学编导，自己在单位没有亲密的朋友，恍惚中，忽然，隔壁传来一阵爽朗的笑声，哦，是黄老师的笑声，对呀，为啥不找一找黄老师呢？黄伯寿曾经编导过《宝莲灯》，那可是周总理亲自抓、师姐赵青主演，是国家的名片啊！远在天边，近在眼前，多好的条件啊，自己多傻，陈爱莲捶了一下肩膀。

想到这里，刚才的烦闷一扫而过。

于是，她忽地站起来，轻轻地叩响了黄伯寿的家门：

"有什么事啊，爱莲？"

"黄老师，您教教我咋做编导吧！"陈爱莲一边吃着西瓜，一边笑道。

黄伯寿也吃了一块西瓜。

他擦擦嘴，划了一根火柴，点了一支烟，一字一句道：

"行是行，但是你不能告诉任何人啊！"

"那是，那是……"

陈爱莲知道，黄老师原来也是一位风华正茂、锐气十足的小伙，1957年"反右"，被打成了"右派"后，性格变得谨慎起来。

"还是到你家说吧！"黄伯寿面色有点犹豫。

"呵呵，好吧！"

说着，两人笑着来到了陈爱莲家里。

就这样，陈爱莲在黄伯寿的指导下，开始学做编导。可是，两三次之后，黄伯寿说啥也不讲了。

陈爱莲明白，他还是有点担心。

陈爱莲是个聪明人，一点就通，虽然只有两三次，但是凭借着参加了那么多的演出，特别是《鱼美人》等大型重点舞剧，加上悟性，她很快就上路了。

学做编导，是陈爱莲艺术历程中一个重要的转折。以前，由学生到教员，现在，由演员又到编导，她完成了华丽转身。

陈爱莲编的第一个节目是《敌后交通员》，它取材于当时一部流行的电影《鸡毛信》。故事内容是一个独舞，讲述的是一个村姑——敌后交通员，送鸡毛信给八路军，为了保险起见，她化装成一个放羊娃，最后，顺利通过日本鬼子的封锁线……

除了编，她还演村姑。

内容共分三段，第一段是女孩的日常生活。第二段是化装成男孩子，拿着放羊鞭，赶着羊群，通过敌人的封锁线。第三段是到了根据地，又还原为女孩。共7分钟。

这是陈爱莲艺术生涯中的又一抹亮色。

为了演出成功，陈爱莲特意到顺义农村体验生活，走访抗战时期的老交通员。回来之后，请了一个作家写了文学剧本，又请一个作曲家谱曲，还请邻居黄伯寿帮助写了音乐时间长度表。

恰巧这时，赶上全国舞蹈调研比赛在北京举行，中央各个文艺团体跃跃欲试，都希望自己的节目在调研中能一展风采，脱颖而出。

歌舞团也在忙着编排节目，没人理会陈爱莲。但允许陈爱莲上报节目，她很快就把这个节目报上去了。

先是内部审查，节目分成"一线、二线、三线"，《敌后交通员》被划为三线节目。

听到这个消息，陈爱莲心里多少有点失落，三线，实际是无所谓的节目……不过，能排上就不错了，知足者常乐嘛！她自我安慰道。

后来，调研开始了，文化部下来人到中国歌舞团审查节目，东方歌舞团、中央歌舞团、中国歌剧舞剧院统一审查，《敌后交通员》也在其中。

命运又该如何呢？

她心里没底。

陈爱莲的心又悬在嗓子眼上。

正当陈爱莲怀着忐忑不安的心情翘首以待时，一个同事径直来到陈爱莲家中，告诉她，节目已经通过了。

功夫不负有心人。

后来，在长安大剧院演出，节目一炮打响，轰动了北京城。

陈爱莲的恩师李正一也看了，打来电话：

"这个节目太好了！可以作为北舞的训练节目！"

可是，事情并没有那么简单，那时，陈爱莲还没有走出时代的阴影，宿舍里、楼道里……人们还不敢公开表扬讨论，更何况当教学节目呢。

即便这样，陈爱莲可以带着"戏班子"到工厂、部队、农村演出了，

　　所到之处，受到了工人、战士、农民的热烈欢迎。

　　掌声里，陈爱莲仿佛又回到了从前的辉煌。

　　后来，这个节目成为代表中央团体参加全国调研的两个节目之一。

　　正像泰戈尔诗中所云："最好的东西不是独来的，它伴了所有的东西同来。"单位的领导对她也另眼相看了。有人愿意和她合作了，事业又像刚露出头的太阳，往上升了，她在歌舞团里有了一定的位置了。

第十六章

第二次爱情的萌生

话说陈爱莲自张家口回来后，一直忙于恢复训练，排练节目，可就在这时，生命的小河溅起了橘红色的浪花——啊，她又恋爱了，而且对方是一名钳工！

消息一经传出，单位一片哗然：

"一定是个高干子弟，不然，以陈爱莲的个性、地位怎么能下嫁给一个穷工人呢？"

"我看不，陈爱莲她太革命了，她是故意找一个工人，显出她是革命的……"

"一个一月 80 多块工资，一个才 30 多块，差距太大，我看是兔子尾巴——长不了！"

……

人们议论纷纷，莫衷一是，那么，这到底是怎么回事呢？

事情还要从头说起。

他叫魏道凝，祖籍河北，1942 年出生于一个书香门第的家庭，祖父、父亲、母亲均是早期的北大毕业生，祖父曾留学德国学习军事理论，父亲曾被评为民国时期优秀青年之一，曾和蒋介石合过影。也正是这张老照片，"文革"中，他的父亲锒铛入狱，最后含冤病死在狱中。

魏道凝在学校成绩优秀，1963 年高中毕业时，适逢"政治挂帅"的年代，因不愿与父亲划清界限，大学最终与他擦肩而过。

由于无处可去，受老师的影响，他到农村去了，先是赶大车，后来进了工厂，当了一名钳工。

"文革"中，军宣队掌权以后，魏道凝还是因家庭原因，成了"反革命"，被关押起来了，待遇是一间小黑屋。春去秋来，慢慢地，军宣队撤了，由一个姓杜的复员军人看着他。

正是这名复员军人，成全了他和陈爱莲的美好姻缘。

原来，他是杨宗光的亲戚。那时，"文革"有点松了，虽然魏道凝还没有"解放"，但在押送条件下，允许可以回家了。

有一天，他押送魏道凝回家，路上，他忽然说：

"我有一件要紧事，你跟着我，一会儿我送你回家！"

于是，魏道凝就跟着他来到中国歌剧舞剧院内，在陈爱莲家门口，他对魏道凝说：

"你在外面等我一会儿。"说着，就进屋去了。

过了一会儿，门"吱扭"一声开了，陈爱莲出来了，热情道：

"你进来吧！"

"我是反革命，我不进，我不进……"魏道凝挥着手，支支吾吾道。

"没关系，反革命又怎么了？又不是吃人的老虎，我不怕，进来吧！"

恭敬不如从命，魏道凝只好硬着头皮跨进了门。

就这样，一来二去，两人就认识了。

交往中，陈爱莲慢慢地发现，魏道凝身上有一种特殊的魅力，一旦走近他，心中就有一种说不清道不明的感觉，甜蜜、快乐、兴奋、激动……朦朦胧胧，似烟似雾，这是什么呢？

用今天的话来说，就是一种磁性。

1970 年陈爱莲与魏道凝

夜深人静，陈爱莲在床上辗转反侧，眼前总是浮现出那挺拔帅气的影子：浓眉大眼，朝气蓬勃，不仅长得英俊，而且多才多艺，琴棋书画，体育，唱歌，样样在行，而且字迹潇洒，书法特别漂亮。在他身上，她看到了杨老师的影子。

三十多岁的女人心啊，再也不平静了……

相处中，陈爱莲还发现，二人性格还互补，她严肃，有点忧郁，而他活泼，很快乐，一会儿讲故事，一会儿带她去爬山，一会儿骑自行车带她去玩……

慢慢地，陈爱莲那敏感的心被俘虏了。

二人一块出去吃饭、上公园……春华秋实，1974 年的 10 月 10 日，二人终于携手走进了婚姻的殿堂。

从此，"舞蹈家和一名钳工的爱情故事"在社会上传播开了。

后来，魏道凝成了陈爱莲事业上的黄金搭档，一个在前面，一个在后面，一个在台上光芒四射，一个在台下"鞠躬尽瘁"：买菜、装修房子、写台词……在圈内有"珠联璧合"的美誉。

"她对事业的忠诚和追求，我挺佩服的……对生活要求低，对艺术要求高……对金钱看得很淡，买衣服买最便宜的……"已过花甲之年的魏道凝，每每谈起妻子，总是满脸放光，赞不绝口。至今还昵称自己的妻子叫"小美人"，由此可见陈爱莲在他心中的魅力。

而陈爱莲呢？

采访中，她说，自杨宗光去世后，不断有人介绍，什么大学教师、外交官等，可是自己见了之后都没有来电的感觉。

"可能这与我的爱情观有关，"她说，"我跟别人不一样，不喜欢别人介绍，而是随缘的那种。"

她笑道，可能是自己的毛病吧，看小说多了，演美丽的公主演惯了，演对手戏的都是帅气的小伙。所以，这直接影响了对心中另一半的选择。

"他一定要帅，这是基础，否则，条件再好，也是白搭。"陈爱莲笑着道出了心中的第一个标准，"其次就是相知，包容对方，才华横溢……而这，他都具备了。"

　　"少年夫妻老来伴！感情开始由爱情，最后会转化为亲情。"已过古稀的陈爱莲一语道破人间爱情的轨迹。

　　他们婚后第二年，陈爱莲就出访了美国。

　　演出访问团很不一般。

70 年代标准照

第十七章

在美国演出的日子

1975 年 7 月。

飞机降落纽约著名的肯尼迪国际机场时，正是晚上八点多钟，大家走下舷梯，惊呼一片，只见停机坪上，灯火通明，远处纽约的夜景，映红了半边天，在夜色里闪烁着迷人的光焰。

大家不禁想起夜晚的北京——黑灯瞎火的。

翌日，他们从下榻的中央公园旁的五星级大宾馆出发，一行到美国大都会参观。

美国大都会，高雅艺术的殿堂，代表了美国主流文化。还有一个百老汇，代表了民间文化。

盛夏的纽约，太阳毒辣辣的，大家捏着衣襟不停地扇着。但深深地被繁华的市容所吸引：只见高楼林立，轿车如织，人流川流不息，但大街上井然有序，警察很少见。

踩着深褐色的大理石台阶，一个个小心翼翼的，兴奋地指点着，小声地谈论着，主人早已迎出门外，邀请中国客人走进了空旷偌大的大厅。

"我人生第一次看到这么大的剧场，一个重要的感受就是舞台大、后台大，从来没见过，第一次看到舞台是可以旋转的，前台有多大，后台也有多大……"陈爱莲兴奋地说，仿佛还沉浸在往日的回味中。

两个侧台也同样大，房间、卫生间、楼梯间……什么都大，五彩的灯光扑朔迷离，令人眼花缭乱。

大家仿佛进入了另一个世界。

为了演出成功，剧团开始排练，"走台"，音乐、灯光、布景等进行"合成"。

排练中，陈爱莲发现，和美国的工人打交道，很有意思。

他们上班时，不像中国工人，一边干活一边聊天。他们上班就是干活，下班就是走人，没事不说话。而且准点上下班。有一次，陈爱莲他们排练时，事先没有跟他们讲好时间，结果，十二点正在排练时，灯"啪"的一声灭了。

全场顿即一片混乱。

"这是谁干的？"有人尖声喝道。

黑暗中，有人冷冷道：

"莫生气，这是在美国……"

是啊，要是在国内，工人会很配合你。中国人的思维是综合的，没有明晰的观念，说是某点，往往在点后，有拖沓的毛病。

美国人守时的习惯，给陈爱莲留下了深刻的印象。

轮到《春江花月夜》走台了。

中国素来是礼仪之邦，有虚

《草原女民兵》

访问美国

心的美德，为了合乎美国人的口味，剧团请了美方艺术家提意见。整个过
程，他们都在下面目不转睛地观看。看完之后，一个长发黑人男子提了个
意见，说太长了。

　　什么都体现民族的思维观念，美国人不喜欢慢节奏。

　　这是个独舞，8分多钟，将近9分钟，在国内演出很多遍了，到处是
一片喝彩，是一个很有看点的作品。现在，突然要缩短，不亚于来了个
180度的大转弯。

　　大家想不通。

　　陈爱莲也想不通。

　　事情仍在僵持着，再过两天就要演出了。忽然，一天晚饭后，赵启扬

团长来到陈爱莲下榻的房间，温和地对她说：

"爱莲哪，想得怎么样啦？……咱们来这里演出不就是要人家喜欢吗？……你改改吧……"

既然这样，陈爱莲只好点头同意了。

节目改到了7分40秒，在压缩的同时，陈爱莲根据自己的特长，加了一些难度。她把李正一老师设计的一个动作——"大探海翻身"加了进去。就是后腿画了一个大圈，收的时候，单腿鹤立，里面有五六个这样的动作。后来演出时，这个动作挺受欢迎的。

夜晚，"林肯艺术中心"大舞台。

演出的第一个节目是《红绸舞》，在灯光照耀下，红绸子、绿服装显得格外鲜艳美丽，陈爱莲和赵青舞着双绸，宛如一团熊熊燃烧的火焰，点燃了美国观众的心灵。

在场的美国观众都惊呆了！

接着，陈爱莲表演了《春江花月夜》，优美的意境，动人的舞姿，博得了全场数次掌声。

按照惯例，高规格演出结束后，要举行酒会。

已是晚上十点了，陈爱莲卸了装，随着代表团的领导走进灯火辉煌的宴会厅，此时，双方的官员、演员、金融界巨头、社会名流等云集。华灯璀璨，人声鼎沸，一派热闹的景象。

陈爱莲刚一进门，一些热情的美国人就认出了她，纷纷拥过来，上前学着中国人的样子，翘起大拇指：

"Moon！ Moon！"

"这个印象太深了！"几十年过去了，陈爱莲回忆起来，两眼放光，兴奋得像个孩子。

1975 年在美国演出《红绸舞》

《霓裳羽衣舞》

艺术团风尘仆仆，先后到纽约、华盛顿、明尼阿波利斯、旧金山、洛杉矶等地演出三十场。

一时间，中国艺术之花，开遍了美国的山山水水。各地报刊纷纷报道，刊发照片，称赞中国艺术家为"艺术大使"。

美国总统卡特也坐不住了。他要接见大家。

8月中旬的一天，天气晴朗，万里无云。

白宫，玫瑰园。

上午九时许，艺术团主要演员和领导，乘坐一辆橘黄色的大巴车，缓缓驶入了美国的"中南海"——白宫。

白宫，因房屋都是白色而得名，美国总统办公所在地。

刚一进门，大家就惊喜地看到，在如茵的草坪上，站满了美国政府官员，显然，他们早已恭候多时了。

大家兴奋地走下车来。

中国驻美大使黄华等迎上前去。

"Welcome you！"为首的一位四十岁上下的中年男子，银灰色西装，扎着一条红底带碎花领带，脚蹬锃亮的黑色皮鞋，显得神采奕奕。"卡特

中美建交前与美国总统卡特在白宫握手

总统！"人群中一阵骚动。这位打开中美建交大门的美国总统，给人们留
下了美好的印象，正是他，在 1978 年 4 月对外宣布：美国承认一个中国！

他健步上前，伸出双手，同大家一一握手。

当翻译介绍陈爱莲时，他似乎表现出浓厚的兴趣，一手握着陈爱莲的
小手，一手举起食指，在眼前比画道：

"陈，pretty！"

周围人哈哈大笑起来。

少顷，他站在草坪上，迎着阳光，发表演讲："作为一个总统，欢迎
中国最好的艺术家来到美国，我感到非常愉快。你们代表一个伟大的民

从美国回来后，马上去海岛西沙群岛慰问士兵

族……这将对我们两国之间建立起来的友谊作出贡献……"

美国人善于言谈，一讲就是半个多小时。

陈爱莲和大家一样，第一次来到白宫，站在人群里，她好奇地打量着眼前的迷人景色：一簇簇深红的玫瑰开遍满院，金黄的菊花，亭亭玉立的翠竹环绕四周，清风徐来，满院飘香，令人心旷神怡。

白宫，意为"白色的房子"，是美国总统的官邸和办公室，原来是棕红色的，1812 年英美战争中英国军队占领华盛顿后，放火烧了国会大厦和总统府，过后，为了掩盖罪行，1814 年涂上了白色，从此，叫作白宫。

真美啊！她心里暗暗赞叹。

然后，卡特要和大家合影，站好后，只听"咔嚓"一声，留下永久美好的瞬间。至今，在陈爱莲的相册里，还保留着这张珍贵的照片。

最后，卡特要尽地主之谊，邀请大家到西餐厅共进午餐。

三十多年过去了，陈爱莲想起这次高规格的接见，历历如同昨日。

在老山前线为战士演出

第十八章

《文成公主》一炮打响

命运似乎在捉弄陈爱莲，就在全团上下为《文成公主》上演喊好的时候，她的身体又出现了毛病。

陈爱莲就像一个在悬崖上攀登的旅人，到处险象环生。有一天早晨刚一起来，就感到头痛、恶心，坐在饭桌上，吃不下几口，就想呕吐。丈夫看在眼里，痛在心上：

"爱莲，是不是生病了？还是到医院看看吧！"

"没啥，我的身体我清楚！"说着，她连连打了几个喷嚏。

看到爱人这么执拗，魏道凝无奈地摇摇头，匆匆下楼上班去了。

对陈爱莲来说，本来就营养不良，这次更是雪上加霜了。

站在镜子前，她仔细地盯着镜中的自己，啊，面容瘦了，黑了，雪花膏抹上，一点香味都没有，一梳头，竟然梳下一根白头发！老了，老了，她苦笑一下。

走出门外，一阵寒风吹来，吹在脸上生疼生疼的，陈爱莲支撑着孱弱的身体，在风中吃力地推着自行车。但想到这来之不易的机会，内心油然升起一股无形的力量。

送完大女儿上学后，又来到训练厅。她叮嘱自己，陈爱莲哪，陈爱莲，你一定要挺住，决不放弃这个来之不易的机会！

有些事情，不是自己想怎么样就怎么样的。高强度的训练，她一天天

《文成公主》剧照

地消瘦下来，动作有些走样，无奈，在编导的劝说下，她只好到友谊医院看病。

抽血、拍片子……全身一查，啥病也没有。

这到底是怎么回事呢？她纳闷了。

抱着一线希望，她走进了国家体委运动医学研究所。

由于舞蹈剧院演员平时腰扭伤、脚崴了，经常到医学研究所做些按摩什么的，所以对那里的治疗水平很了解。

也是照例全盘检查一遍。医生是一位很有经验的运动疾病专家，灯光下，他反复看着出来的一张张 X 光片……几分钟过后，他扭过头来，朝着陈爱莲开玩笑道：

"艺术家，你患的是一种不吃药的病啊！"

陈爱莲乐了："呵呵，别卖关子了，快点说吧，时间我可赔不起，我还要去练功呢！"

"你被判处'死刑'了！"医生的表情有点严肃。

陈爱莲仿佛不太相信自己的耳朵，惊愕地睁大了眼睛："什么？你再说一遍！"

"你患的病叫过度训练症！就是从今以后，你不能再跳舞了！"医生微笑着盯着陈爱莲，不以为然地重复了一遍。

不能跳舞了？这刺耳的话语，犹如针扎在自己的心坎上，空气仿佛瞬间凝固了……这个打击太大了，陈爱莲急促地说：

"大夫，舞蹈是我的生命，不能跳舞，那我活着还有什么意思？天哪！"

陈爱莲吃惊地倒在沙发上，

70 年代《文成公主》

《文成公主》剧照

半晌说不出话来。天哪！不能从事舞蹈艺术，这对于一个视舞蹈如生命的演员来说，这简直是晴天霹雳。陈爱莲陷入了剧烈的痛苦之中。

"兴到时青山亦觉点头，悲来时蜡烛亦觉垂泪。"她失魂落魄，跟跟跄跄地往家走，天，地……一切像在旋转，她像打败仗的将军，垂头丧气。路旁的鲜花、鸟鸣，她一点都没兴趣。她的脑海在翻转，真的要完吗？难道真的像医生说的那样吗？……我就不信这个邪，想着，想着，一股信念又占据了上风，只要我还有口气，就一定把《文成公主》演好，想到这里，她已下定了决心——自己治疗。

有位哲人说过："相信有多大能力，就一定有多大能力。"在一定程度上，这话多少有点道理。她开始调整自己的心态，练功照样，每天早晨，像以往那样早早来到排练厅，而且饭拼命地吃。"哪怕是干粮，都有营养！"她给自己加油。丈夫也不断地鼓励她："你一定行！"。

上天仿佛被陈爱莲的精神深深地打动了，暗助她一臂之力，不久，陈

《文成公主》剧照

爱莲的病居然奇迹般地好了。

　　严冬过后绽春蕾。

　　1979 年初,《文成公主》一炮打响,轰动整个京城。陈爱莲的名字像一股旋风,刮遍京城的大街小巷。更可喜的是,这一年,该剧获文化部大奖,又获中直文艺系统一等奖,在全国各地演出 300 多场,受到广大观众的高度赞扬。

　　《文成公主》成功了!

《文成公主》的成功主要是体现在艺术成就上，一是对古典舞的创新，加入了传统戏曲舞蹈以外的元素。二是对唐代乐舞的探索，加入了藏族舞的动律，像文成公主内心独白之舞、文成公主与松赞干布的双人舞等。另外，在剧情的历史背景上也进行了大胆的探索，像"唐宫廷伎乐舞"、"武士盾牌舞"、"莲花童子舞"等。

舞剧以中国古典舞为主要手段，成功地塑造了文成公主的舞蹈形象，以藏族舞蹈为基础塑造出松赞干布的形象。两种风格的舞蹈和谐地结合在一起，将松赞干布与文成公主的爱情传奇演绎得淋漓尽致。

想到两年来艰辛的一幕幕，晚上，陈爱莲偷偷地跑到学院的一个角落里哭了，哭得天昏地暗，一塌糊涂。

她成功了！

她真正复出了！

|第十九章|

《奴隶之歌》再添掌声

《文成公主》的成功，给陈爱莲带来了巨大的精神动力。

无论是细雨霏霏的黄昏，还是月光皎洁的夜晚，她常常徘徊在剧院深处，独自一人享受着成功给她带来的快乐。但很快，她就感到回忆有些乏味了。她知道，成功仅仅说明过去，如果躺在成绩簿上睡大觉，最终会止步不前的。

那么，除了正常的上班排练，还能干些什么呢？

她是个爱动脑筋的人。

想得久了，灵感就会幸运降临。

那是冬日的一个雪夜，窗外没有风，鹅毛大雪纷纷扬扬，无声无息地下着，院子里寂静一片。

丈夫和两个女儿都睡了。她蜷缩在被窝里，靠在床背上看电视。

电视画面上是一群衣着破烂的藏族农奴在奴隶主的鞭赶下，在艰难地抬着石头盖房的情景……低沉凄婉的乐声，残忍血腥的画面，让她的心颤抖起来。

这是一个 10 分钟的纪录片，反映的是新中国成立前西藏农奴生活的片段。

她眼前一亮，忽然想起小时候看的一个节目叫《奴隶之歌》，是个男子独舞，反映的也是西藏奴隶的生活。

她眼前一亮，何不排排这个节目呢？

她兴奋起来……

翌日一早，她激动地敲响了邻居黄伯寿家的门：

"黄老师，我想排《奴隶之歌》，但节目的主角是个男的，我能不能演？"陈爱莲像个小孩一样说话直来直去。

黄伯寿拍着羽绒服上的绒毛，笑道："怎么不合适？可以反串嘛！"

陈爱莲一听，像吃了一颗定心丸，心里更加坚定了。

可是，事情不是像吃糖块。虽然黄老师鼓励了她，但真正做起来，难度还是很大的。一则，这是个男子独舞，力度、技巧……与女子独舞迥然有别，二则，藏族的风俗习惯、艺术风格与汉族的艺术也不相同。

开弓没有回头箭，既然决定做了，就要排除一切困难，把它做好。

为此，陈爱莲又拿出以往"拼命三郎"的劲头，早出晚归，排练起来。而且，还带着自己的女儿一起排。

功夫不负有心人。

1979 年的岁尾之际，在天桥剧场中国歌剧舞剧院的综合晚会上，陈爱莲表演的《奴隶之歌》也上演了。

报幕员小姐手持话筒，走到台前，甜甜地说道：

"下面表演的是《奴隶之歌》，表演者——陈爱莲！"话音一落，台下"哗——"一片掌声，陈爱莲的粉丝们纷纷挺起了身子，瞪大眼睛望着台上。

猩红的大幕一拉开，只见一个衣着藏族服饰的"男孩"出场了。

不料，台下一阵骚动：

"报错了吧？怎么回事？陈爱莲是个女的，这怎么是个男孩子啊！"

……

慢慢地，半个小时过去了，台下的粉丝们渐渐地平静下来，他们认出了"他"就是陈爱莲。

节目结束时，全场一片欢呼："陈爱莲太厉害了！"

……

陈爱莲是忙碌的，作为全国政协委员，翌日一早，她又匆匆赶往阜成门附近的全国政协礼堂，参加一次政协联欢活动。

走进会堂顶层的小礼堂，稀稀拉拉地坐些了人，在低声地交谈着，桌子上摆满了茶杯、香蕉、苹果……

陈爱莲找个角落刚坐下来，一个亲切而熟悉的声音就飘了过来：

"爱莲哪，你可来了！"

陈爱莲转身一看，是王光美！她慌忙站起身，笑着起身迎上去："王大姐，您好！"

王光美举止得体，气质高雅，虽然是花甲之年的老人了，但眼前的她仍然光彩照人，身着毛裙的她浑身上下散发出高雅的风采和高贵的气息。

爱美之心，人皆有之，每次见到王光美，陈爱莲内心深处总有一种说不出的快乐。

"爱莲，我有个朋友，是湖南政协主席，他告诉我，昨天你演了一个男子独舞，是真的吗？"王光美拉着陈爱莲的手，以疑惑的口吻笑道。

"您信吗？"陈爱莲歪着头说。

王光美沉吟了一下，摇摇头：

"我不信，我说陈爱莲整天饰演的都是公主什么的，怎么能跳男子舞呢？不可能！"

陈爱莲一听，呵呵笑起来：

"大姐啊，那位同志说的是真的呀……"

　　王光美瞪大了眼睛，更加困惑了。她笑着把那位同志招呼过来，相互一问，这才水落石出。

　　"你太了不起了！给，这是给你的奖励！"说着，王光美随手抓起桌子上一串金黄的香蕉，塞到陈爱莲的怀里。

　　三人哈哈大笑起来。

　　《奴隶之歌》反映了陈爱莲的一个艺术侧面。她不仅能教学，而且还能演，不仅能演女角色，而且还能演男角色。在舞蹈艺术的道路上，她孜孜不倦，为观众奉献了一个又一个光彩照人的艺术形象。

《西班牙舞》

|第二十章|

陈爱莲专场火爆

开专场不是一拍脑门就决定的事情，要牵扯到方方面面的事情，编导、演员的挑选，节目的选择、排练，演出场地、灯光、布景，甚至报幕员串台词的细节都要考虑。

但既然决定了，就是刀山火海也要往前走，这是陈爱莲一贯的性格。

消息一传开，剧院里像沸腾的滚锅，议论开了：

"四十多岁的人啦，还折腾啥？一个专场十几个节目，能跳下来吗？"

"我看陈爱莲有点傻，你看拳王阿里，一世英名毁于一旦，跳好了不说，要是跳砸了，岂不是半生心血付之东流？"

也有一些好心的朋友打来电话："爱莲哪，你什么都有了，何必再费这个劲？"

吃饭时，丈夫鼓励她："不是鲁迅说了吗？'失掉了现在，也就没有了将来。'开吧，我支持你！"

剧院领导知道了，也很赞成。

陈爱莲像吃了一颗定心丸，她的信心更足了。

她选了10个节目，有中国古典舞《春江花月夜》，外国舞《印度舞》，有中国民间舞《水》，也有吉卜赛舞《流浪者之歌》，还有现代舞等。

共一小时四十分钟。

当时，陈爱莲是总导演、总策划，从头到尾，里里外外一把手，除了

舞蹈《流浪者之歌》

独舞

同编导们商量舞蹈的业务外，还要忙着去借排练的场地。

那时，团里就一个大排练厅，恰巧正在排练重头剧目《剑》，陈爱莲只好到自己母校借光，每天借一两个小时的教室，有时还到芭蕾舞团去借地方。有时，团里的排练厅空着，就见缝插针，好几个节目，就是在别人吃饭的时候排的。

事情一波三折。

命运好像与她作对似的，正当陈爱莲一切就绪，准备公演的时候，她的两个舞伴一个扭了腰，一个折坏了胳膊，不能参加演出了。

这不啻是晴天霹雳，陈爱莲急得快掉眼泪了。

节骨眼上，院领导知道了，他们找来几个青年演员支援陈爱莲，加班加点，节目又重排了一遍，这才解了围。

公演的日期到了。

这是1980年11月10日的夜晚。

　　吃过晚饭，陈爱莲推着一辆破旧的自行车，走出剧院大门，向天桥剧场走去。

　　霜降一过，凉意渐重，瑟瑟秋风吹动着路边的古槐、杨树，发出飒飒的轻吟，路灯下，三三两两的行人在悠闲地散步……

　　触景生情，陈爱莲有点激动、兴奋，一种莫名的思绪涌上心头，她想起了演出前的一幕：

　　那一天，陈爱莲正带着一帮演员在走台，文化部副部长来了，一直看了9个节目，才放心地离去；

　　东方歌舞团的团长王昆也打来电话，鼓励自己；

拍球舞

西班牙佛拉明歌舞

舞蹈家白淑湘听说晚会演出芭蕾舞《天鹅之死》，热情地送来一双"足尖鞋"，还在鞋上写上"祝你演出成功！"的字样；

芭蕾舞团的编导蒋祖慧在百忙之中为自己排练《流浪者之歌》；

……

她还想到自己的过去：永安里的快乐时光……收容站的大木桶……孤儿院的玻璃门……还有舞校的日日夜夜……她也想到了丈夫，丈夫写完串台词，就去南方出差了，刚走几天，就打来电话，询问准备情况……

一阵冷风吹来，吹醒了她的回忆。

她扶了扶挂在车把上的化妆箱、茶瓶……又看看后座上鼓囊囊的包袱——里面包满了跳舞的服装。她不敢骑，她自嘲地给自己起了外号，叫"三勤车手"（勤按铃、勤刹闸、勤下车）。今晚，看着一车子"家当"——她更加小心了。

这是"文革"后舞蹈界乃至文化界一件新鲜事，所以，海报一贴，北京立即轰动了。

《天鹅之死》

80 年代舞蹈

《水》

陈爱莲的朋友们来了。

陈爱莲的粉丝们来了。

电视台、报社的记者也来了。

……

陈爱莲到天桥剧场时，售票窗口和入口处站满了许多观众，很多为没有买到票而懊悔不已。也难怪，这次演出，以送票为主，仅卖了少量的票。

当陈爱莲化完装去侧幕旁做上场前的准备活动时，心情格外激动，再过几分钟，就要上场了，毕其功于一役，她觉得自己的心快跳出来了。

第一遍铃响了，她几乎没听见。

第二遍铃响了，她仍站在那里，"陈爱莲，该上场了！"要不是旁边编导的提醒，她还在冥想中。她猛然从沉思中醒悟过来，就在这一瞬间，她忘记了一切，灯光下，只有熟悉的旋律在耳旁回荡……

她以深刻的主题、炉火纯青的舞艺，使不同性格、不同时代的女性淋漓尽致地得到了艺术的再现：有的在清风明月下，有的在刀剑鸣镝中；有的绕梁三日，不绝如缕；有时声振林木，响遏行云。有天鹅的弥留、奴隶的挣扎，也有仙子的端庄和少女的幽怨……

当大幕徐徐落下时，陈爱莲一到后台，泪水像小河一般，哗哗地流下来……

掌声雷动震华舍，花香四溢润心田。一时间，天桥剧场内成了沸腾的海洋，许多热情的观众纷纷跑上台来，围着陈爱莲嚷嚷着签名留念……

人群中，舞蹈界的老前辈戴爱莲等也走上台来，与陈爱莲拥抱，表示祝贺！

晚会成功了！

第二十一章

舞剧《繁漪》再添光焰

陈爱莲 1980 年 11 月办了第一次专场之后，尝到了甜头，心想，什么时候举办第二次专场，那该多好啊！可是，举办专场需要新节目的，如果上演的是"老面孔"，观众是不买账的，这个，她很清楚。

她耐心地等待着。

幸运总是眷顾有头脑的人，机会终于来了。

这是 1987 年的 5 月。

当时，西方的现代舞在中国走红。"现代舞"一词最早是由美国现代舞理论的奠基人和《纽约时报》的第一位舞蹈专职批评家约翰·马丁第一个开始使用的，它是在反对芭蕾的封闭僵化前提下产生的历史现象，但有趣的是，"现代舞究竟是什么？"这个问题，多年以来，一直没有哪个业内权威给予明确的说法，舞蹈家们只是想打破芭蕾"美"、"布景"、"整齐对称"、"最重要"、"等级制"等清戒规律，获得一种肉体与精神的自由，然后按照自己喜欢的方式去跳，是"自由舞蹈"。

20 世纪 80 年代，是中国思想界、文化界、艺术界最富活力的年代，新鲜的东西一传进来，很快就在全国迅速走红。其中，南京军区一名叫华超的青年演员，可谓捷足先登。1980 年，在全国第一届全国舞蹈比赛中，他成功地运用现代舞创造了《再见吧！妈妈》中的小战士和独舞《希望》中"人"的形象而一鸣惊人，并获得最佳男演员奖。

华超不仅舞跳得好，而且还会编导，他和另一名编导胡霞飞合作，根据曹禺著名话剧《雷雨》改编为舞剧《繁漪》，在南京上演了，但反响一般。反响一般的原因是饰演繁漪的女演员没有把握好这一角色。繁漪是中国20世纪三四十年代一位有知识有文化的阔太太，需要很深的文化底蕴，同时还要求中国古典舞的根基也很深，是剧中的主角。权衡之后，华超决定另换一名女主角，这时，通过熟人介绍，他向陈爱莲抛来了橄榄枝……

陈爱莲等到南京看后，摇了摇头："我恐怕演不好！"

华超鼓励道："没关系，陈老师，您先试试再说！"

"这个……"

陈爱莲犹豫起来，她心里没底，她知道，古典舞和现代舞是两码事，有点勉为其难，但她的艺术视野是开阔的，一般不拒绝任何作品，最后，经过一番思索，她总算答应下来。

整场共四十分钟，陈爱莲几乎没有下台。

陈爱莲跟着他们到广东一带小剧场演出，那时的情景是什么样呢？

她这样回忆道：

"中间有一段痛苦的过程，动作上的痛苦，不像我们以前都是站着，现在是'连滚带爬'，老是三维空间（地面、站着、空中），一会在地上爬，一会站起来，要求我具备另外一种能力。在地上爬，膝盖都磨破了，从技术角度上讲，难度大，我吃了不少苦。从风格上讲，以前老是演公主、小姐什么的，现在去演……"

字里行间，飘散着一丝淡淡的苦涩、辛酸和无奈……

广东、南京市场不好，华超决定进京，到陈爱莲的单位来排，吃、住都在歌剧舞剧院。

陈爱莲是个爱动脑筋的人，看到《繁漪》是个新作品，如果自己开专场，把这个节目加进去，再加上一些小节目，不就凑成了一台晚会了吗？

舞剧《繁漪》演出之前

高兴没多久，陈爱莲就噘嘴了，因为开专场是要钱的，钱从哪里来呢？

是啊，谁都想开，谁掏腰包呢？服装、布景、场地……

初夏，夜晚，一弯新月升起来，院子里像是在牛乳中洗过一样，皎洁一片。“虫声新透绿窗纱”，窗外，无名的小虫在轻轻地弹琴，远处，陶然亭公园里的蛙声此起彼伏，缈缈而来……夜深了，剧院里黑魆魆的，只有陈爱莲家的窗户还在亮着。

“要是有几万元钱，这晚会就成了，哎，愁死人了！”陈爱莲坐在床头，唉声叹气。

“愁有啥用，钱也不是愁来的，”丈夫坐在桌子旁，默默地抽着烟，“况且，这又不是个小数目，”

过了一会儿，他安慰道：“不行的话，咱们就借借吧！”

“说得轻巧，借谁的？这年头，谁家也不是开银行的，哪有那么多钱?!”

80 年代第二台个人舞蹈晚会后和主持人范曾合影

"嗯，那倒也是……"魏道凝咂了一下嘴，"不过，我想起一个人，或许能帮一下。"

"谁呀？"

"范曾！"

……

翌日，魏道凝请了假，亲自去了一趟天津。

范曾，中国当代著名画家。1938年7月生，江苏南通人。1955年考入南开大学历史系，1957年转入中央美术学院美术系，1984年调南开大学东方艺术系。

此时，他正在南开大学东方艺术系任教，听完魏道凝的来意，沉默了一阵，然后站起来给魏道凝添了添茶，笑道：

"题词，写诗，串场词都没问题……到时候我一定去亲自主持……钱呢，不好意思，对不起爱莲啦，不过，你大老远跑来，我不能让你白跑一趟，"说着，取出两幅画递过来，"喜欢我画的人还不少，给你两张，你拿到荣宝斋去，啥都有了！"

"不不……"魏道凝站起来，连声摆手。

"看看，又见外了吧，两幅画算什么，拿着吧！"

恭敬不如从命，魏道凝只好接住了。

两幅画出手后，陈爱莲一算，还不充足，于是，又四下开始找赞助，她忽然想起以前"走穴"时到沈阳松辽汽车厂，厂长经理对她很不错，于是，就拨通了厂方的电话，果然，当陈爱莲说明情况后，厂领导当即拍板：赞助一万元！

加上两幅画一万多，仔细一算，差不多了。

陈爱莲特意在一家饭店举行了记者招待会……

与华超表演《繁漪》

第二台舞蹈晚会《钟声》

第二台个人舞蹈晚会《拾玉镯》

期待已久的日子终于来了。

1987 年 7 月 25 日夜晚，北京民族文化宫。陈爱莲第二次专场晚会在这里隆重上演了。

几千人的剧场内，座无虚席。

老朋友范曾果然没有食言，也来捧场了，热烈的掌声中，他笑着走到舞台的麦克风前，掏出一张早已写好的开幕词，念了起来：

诸位朋友们：

多年来，在中国和世界舞坛上，以其丰富多姿的绚丽色彩，使人们几番沉醉、几番痴迷的卓越舞蹈艺术家陈爱莲和她的舞伴锦季武、华超等人的舞蹈晚会，今天隆重揭开了它的帷幕。

……

曙色熹微，万类复苏，听，钟声已起，爱莲正飘飘而来。

接着，院长乔羽上台讲话。

晚会在如雷般的掌声中徐徐拉开了帷幕。

《钟声》《拾玉镯》《黄昏》《夜读西厢》《霸王别姬》《快乐的年轻人》等六个小节目相继登场，陈爱莲精湛的技艺、轻盈的风格……把舞蹈之美展现得淋漓尽致，观众的掌声连绵起伏。

自始至终都在主持的范曾深深地被感染了，他不禁诗兴大发，现场作了一首《金缕曲》……

最后，是"压轴戏"——舞剧《繁漪》，而且，更有意思的是，一家母女三人同台演出。年龄最小的二女儿演剧中年龄最大的鲁妈，大女儿演四凤（那时，大女儿已经从北京舞蹈学校毕业了，分到了歌剧舞剧院，和

2002 年从艺五十周年专场晚会《繁漪》剧照

陈爱莲一个单位)，陈爱莲演繁漪。这在中国舞坛乃至世界舞坛上，都是绝无仅有的，故事怎么展开，人物矛盾如何处理，人们瞪大了眼睛，在拭目以待。

　　大幕拉开了，雷声隆隆，乌云滚滚，舞台上覆盖着一袭巨大的黑纱，黑纱下隐隐约约看到高低错落的物体，远远望去，像是荒冢坟堆。

　　黑纱慢慢升起。

　　繁漪最先出场，故事随着繁漪的心绪而展开，周萍接着出场，欲勾引繁漪（周萍与繁漪的双人舞），不久，抛弃了她另寻新欢（周萍与四凤的双人舞）。爱与恨宛如烈火在繁漪心中熊熊燃烧，愤怒的她看透了周家父子都是伪君子（由繁漪、周朴园、周萍三人舞转为周家

舞蹈《黄昏》

父子的舞蹈，采用父子的叠影，在繁漪眼前相继闪现）。侍萍出场了，到周家要带走四凤（母女双人舞），周萍阻止，繁漪上前指责周萍（四人舞）。过一会儿，周朴园与侍萍相遇，周家丑事败露，故事急转直下，四凤惨死，周萍自杀，繁漪痴呆（五人舞）。

　　最后，黑纱缓缓落下，覆盖在剧中人物身上……

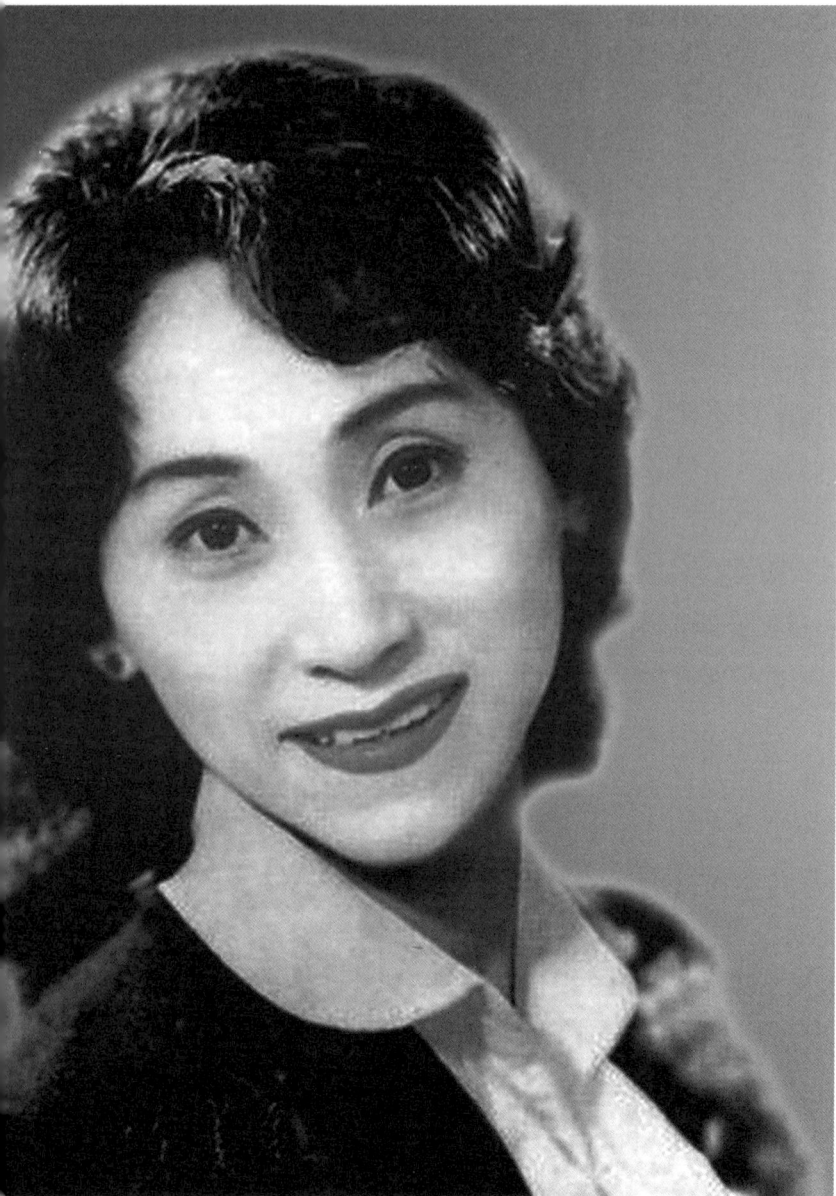

90 年代的陈爱莲

灯光一亮，全场震撼了，潮水般的掌声响彻屋顶。

后来，这部舞剧被誉为20世纪80年代最具创新"经典舞剧"作品之一，载入了史册。这部剧成为名剧的主要原因是形式的创新，借鉴了西方现代舞和文学上意识流的表现手法，不像以前单纯叙事，打破时空限制，充分发挥舞蹈的特性，揭示了人物的内心世界。

7月26日，《中国青年报》《人民日报》等新闻媒体相继发表文章，给予了高度评价。

当晚，中央电视台《新闻联播》给了2分40秒的报道。

盛况空前，这在中国演艺界还是第一次！

陈爱莲的第二次专场也成功了！

第二十二章

红楼梦圆

话说陈爱莲带着个人专场去香港演出之前，中国歌剧舞剧院根据曹雪芹的不朽名著排了一个同名舞剧，本来让陈爱莲饰演林黛玉，但是陈爱莲由于急着去香港演专场，就只好另寻别人，回来以后，《红楼梦》已经排了几场了。

陈爱莲一回来，于颖导演马上宣布："陈爱莲仍是林黛玉的Ａ角！"Ｂ角是北京舞蹈学校的一个学生，毕业后分到歌剧舞剧院的。论资排辈，是中国各行业的潜规则。

陈爱莲很感激。

可是，当陈爱莲第二天兴冲冲地跨进排练厅排练时，几个年轻演员围上来，七嘴八舌说开了：

"陈老师，你可别演，这戏臭死了！"

"现在大家都是应付，不行就散伙了……"

"你们怎么知道？"

"我们天天排练，谁不知道？"

……

陈爱莲的心里像投进了一粒石子，荡起圈圈涟漪，她想，自己刚回来，不知道排得到底怎么样，何况于颖导演对自己很器重，没有二话，知恩图报，是做人的本分，就更应该演好，而且，自己从小就受家庭影响，喜欢看戏，是个戏迷，爱跳舞，有"小林黛玉"之称，现在机会来了，怎么能放弃呢？……

喜欢归喜欢，但真的演起来，并不是那么回事。接到任务后，陈爱莲做的第一件事，就是研究角色。她前前后后看了四遍《红楼梦》原著及有关的文字、资料和图片。

她觉得差不多了。

开始排练，一遍，两遍……两天过去了，陈爱莲总觉得动作总是表现不出林黛玉的性格，到底是什么原因呢？她有点烦躁起来，晚上睡觉也不踏实，躺在床上，翻来覆去睡不着。

1984 年舞剧《红楼梦》剧照

但困难难不倒陈爱莲，她反复琢磨，她认识到，"一千个读者，就有一千个哈姆雷特"，林黛玉到底是什么样子？没人见过！因为她是小说中的人物，而小说都是虚构的、假的！但生活中确实有林黛玉的影子，每个人看了《红楼梦》，就会根据自己的阅历、体会，想象出一个林黛玉的形象。陈爱莲感到，林黛玉的外表和性格是极为矛盾的，从外表上，林黛玉有一种泪光闪闪、娇喘微微的病态美，但心里，却有着"质本洁来还洁去，不教污淖陷渠沟"的骨气。如果把握不准，观众就不认可。她想，必须形神结合，用舞蹈动作之"行"去表现林黛玉精神之"神"。

《红楼梦》夜读西厢

果然，几天后，当陈爱莲和大家在一块"合成"时，她的动作、眼神、身段，一下子让大家惊呆了："哇！太好了，有戏了！"陈爱莲笑了，她知道，同一角色，不同演员来演，效果是不一样的，这存在着二度创作的问题。幸亏当初没听这帮小孩的话，否则，又成了自己的一大遗憾。

编导们很满意。

她的精彩发挥，直到今天，仍可圈可点。比如：

序幕——进府这一场，她没有过多地表现出一个孤女寄人篱下时的悲凄，而是以进贾府时的新鲜感来突出少女的纯真。

第一场夜读，宝、黛二人朝夕相处，日久生情，一天二人偷偷在一起读《西厢记》，她托腮遐想，充满了对幸福的向往，表现得不温不火，分寸得当。

第三场葬花，黛玉虽然以落花自况，但她表演时并不强调哀伤情调，而是在黛玉的孤独中，表现出一种诗人的气质。

特别是第六场焚稿，二十多分钟的"独角戏"，把病卧潇湘馆的感情表现得层次分明、细腻入微。焚稿前，编导用了一个"闪回"的手法，让宝玉拿着在葬花时曾多情地披在黛玉身上的绿色披风，两眼茫然、面无表情地随着黛玉踉跄的脚步依依而行。此时的黛玉，思绪已回到往日宝玉对她的种种柔情之中，但通过她几个似动非动的步法和眼神，使人感到她的回忆，并非对昔日柔情的留恋，而是诀别。焚稿时，拿着诗稿的颤抖的双手，是断决痴情时心灵的颤抖，将诗稿付之一炬，是从缠绵的痴情中超脱出来，她虽为情而死，但没有对不能与宝玉结合而产生怨恨。超脱之后，仍是一个"质本洁来还洁去"的孤傲不屈的林黛玉。

　　舞剧《红楼梦》的舞蹈语汇是以中国戏曲舞蹈为基础进行编创的。中国戏曲舞蹈的特点是讲究曲圆柔韧、含而不露，要求做到"心与意合"、"意与神合"、"神与貌合"，而这些，陈爱莲在学员班时期都打下了基础，也是最擅长的，今天，终于可以大展身手了，同时，根据内容，还采用了大量的民间舞，还吸收了芭蕾、现代舞等元素，内容多彩，风格多样，使舞剧煞是好看。

　　果然，《红楼梦》一上演，好评如潮，轰动一时，《人民日报》、

舞剧《红楼梦》

《光明日报》等各大媒体纷纷报道，称赞陈爱莲为"活林黛玉"，著名作家苏叔阳还写下评论："……民族舞剧起飞了！"和《文成公主》一样，《红楼梦》成了当时中国歌剧舞剧院的招牌性节目，演了 400 多场。

外国来宾、旅游团来北京参观，必看这两个节目。

成功了，陈爱莲终于圆了小时候的梦。

这一年，陈爱莲 42 岁。

在几十年的舞蹈生涯里，陈爱莲塑造了许多不同类型的角色，但林黛玉形象是她进入中年以后艺术修养达到纯熟的代表作！

《红楼梦》演出成功的消息，很快传到了香港。《红楼梦》是中国古典文学的巅峰之作，能够全面、正式地改编为舞剧，这在中国乃至世界上，还是第一次，消息灵通的香港演艺界人士也听说了，向她发出了邀请。

文化部很快把信函转到了歌剧舞剧院。

第二十三章

饰演林黛玉的风波

人生就像一座魔宫，变幻莫测，谁也无法预测未来是什么样子。

对陈爱莲来说也是如此，饰演林黛玉，让陈爱莲名声大噪，红遍海内外，但是，就是在饰演林黛玉这一角色的过程中，就遭遇了一件让她终生难忘的尴尬事。

话说陈爱莲后来下海离开单位，办了一所中专学校——北京市陈爱莲舞蹈学校，作为一校之长，自然与以前在单位时大不相同，想排哪个节目，只要资金到位，那是随心所欲的事情，用不着和谁说好话。

事情的起因在 1997 年。

春节过后，陈爱莲去文化部办事，无意中看到一则内部材料，上面说首届中国国际歌剧舞剧年活动要在北京举办。国庆节之后，全国各地演出单位纷纷把节目报了上去，结果节目单子一下来，大家都惊呆了，原来，上面百分之九十的节目都是"洋货"，中国本土的节目寥寥无几。

业内一片哗然。

陈爱莲也看了，心里很难受，自小喝中国古典舞乳汁长大的她，感到自尊心受到了极大的挫伤，其实，早前她有一个计划，想复排《文成公主》、《丝路花雨》等一批民族舞剧，现在看了这个单子，内心那股气一下子被激发出来。

她找到黄伯寿老师，谈了自己的想法，黄老师很支持她。又与导演

陈爱莲在教室练功

于颖也谈了，于颖说："爱莲，你要排，就排《红楼梦》，我给你排，再也不给别人！"这样一说，陈爱莲心气上来了，大腿一拍："就排这个了！"

她准备复排《红楼梦》，参加舞蹈年的比赛。

她写了申请，报到了文化部，得到了时任文化部部长刘中德的支持，有了"尚方宝剑"，陈爱莲大喜，紧锣密鼓地开始排练了。

演员大都是爱莲舞蹈学校的学生，平均年龄在 15 岁，大部分都是十三四岁的小姑娘，陈爱莲演 A 角，女儿演 B 角，两个学生演 C 角、D 角。

刘部长很重视，一个冬日的上午，他亲临学校，观看排练情况，来时也带了一帮记者，像《北京晨报》、《北京晚报》等，看后，刘忠德连连说好。

翌日，一家报纸娱乐版的显赫标题是——《林黛玉由年过半百的陈爱莲饰演》。

报纸一发行，陈爱莲的麻烦出来了。

某家报纸的一位自由撰稿人，看过报纸后，气愤不过，抓住这条消息大做文章："陈爱莲凭什么演林黛玉"，在一般人看来，这与你有何关系？是不是吃饱撑得没事干？原来，这人正暗恋一位舞蹈演员，这个演员比陈爱莲年轻二十多岁，年轻漂亮，多才多艺。爱情的力量是巨大的，他为自己的女友抱不平。

于是，他开始四处调查，采访……

陈爱莲还一直蒙在鼓里，直到有一天，一位舞蹈界的朋友有事找她，陈爱莲才知道这回事。原来，那位撰稿人采访了他。

一时间，满城风雨，陈爱莲原来单位的人看到了，也哈哈大笑。

陈爱莲也笑了。

她笑什么呢？的确，自己 58 岁了，再演一个十几岁的小姑娘，是有

陈爱莲与《红楼梦》演员一起练功

点不可思议，但是，艺术与生活不同，在艺术家的脑海里，是没有时间这
个概念的，舞台上从一个清新俊秀的小姑娘可以演到白发苍苍的老太太是
常有的事。

现在，这篇文章一出现，一下子提醒了陈爱莲，是啊，自己的年龄和
林黛玉进贾府时 14 岁的少女差距很大……以前的镜头在她眼前不断闪现，
她开始重新审视这个角色了。

导演于颖听说了，也来劝陈爱莲："不要生那个气，划不来，我再给
你改一改……"

陈爱莲也静下心来，重新看了一下以前演的老版本。

陈爱莲是一个善于接受新事物的人，心想，既然人家提出了质疑，自己就要虚心地看一下，自己是否真的老了，是不是真的不能演小姑娘了，为此，她特意到自己的学生中去，观察 14 岁到 17 岁的小姑娘的体态、走姿、一颦一笑……

经过一番比较，陈爱莲发现，除了剧中个别地方是因为年龄因素之外，其余大部分不受影响。风雨之后见彩虹，经历了一番风雨的洗礼之后，陈爱莲对演好《红楼梦》信心更足了。

福祸相依，由于这篇文章，陈爱莲重新审视了自己，做了很多改动，反而提高了水平，观众更加喜爱了。

当时，陈爱莲已经成立了艺术团，下海演出几年了，一共演出 300 多场挣到了第一桶金，于是，她就个人出资 100 万元，复排了《红楼梦》。

陈爱莲与学生们排《红楼梦》

陈爱莲像一只嗡嗡旋转的陀螺，忙开了，星期天也不休息，有时一直排到晚上十点多钟，身旁的女儿静静有时看到妈妈很累，直打盹，总是嚷嚷着让她早点休息，她还有点烦，瞪着眼睛责怪她："不当家不知柴米贵，

这钱来得容易吗？再说了，咱排练好了，不就省事了，排不好，这钱就打水漂了，知道了吧，傻孩子？"说得女儿噘着嘴无话可说。

另外，她相信"青出于蓝而胜于蓝"的道理，把机会让给弟子们，她们大部分是三四年级的学生。

为了适应现代观众的口味，陈爱莲还掐掉了 15 分钟，同时，增加了难度、进度、速度，使节目更加紧凑、好看。

经过几个月艰苦的排练，一切都水到渠成了。

陈爱莲把首场地点选在了国安剧院，国安剧院是北京有名的剧场，是高雅的艺术殿堂。

由于是个人出资演出，自然，灯光、布景、车费、饭费，都是陈爱莲一人掏腰包。为了方便，她把演出的烦琐事宜交给北京一家演出公司来打理。由这家公司售票，先定国安剧院三场（陈爱莲演两场，女儿一场），保利剧院两场（母女俩一人一场）。

在国安剧院排练、走台、彩排时，原单位的同事们听说了，原想陈爱莲离开单位几年了，都五十几的人了，还在折腾，怎么样啊？带着一份好奇、一份疑问，大家纷纷前来观看，不看便罢，一看是一片赞叹声，特别是焚稿一场，大家被陈爱莲精彩的表演深深地折服了："太棒了！太精彩了！没想到陈爱莲恢复得这么好！"

这是 1998 年 1 月的一天傍晚，天阴沉着脸，刺骨的寒风呼呼地刮着，国安剧院门前，人流如潮，车来车往，热心的观众们冒着严寒，手里握着热乎乎的门票，簇拥着向剧院大门走去。

座席上，黑压压一片，有业内人士，有从外地赶来的粉丝，有普通市民。

还有老朋友范曾。

演出开始了，当报幕员报出陈爱莲的名字时，全场响起了经久不息的掌声。

整场演出的焦点还是焚稿一场，这是"独角戏"，也是重头戏。她后来回忆道："焚稿太难演，林黛玉临死之前的事，除了难度技巧，相当一部分纯粹靠表演……"也就是说，全靠演员的艺术感觉和功底。

演出结束时，掌声像涨潮的大海，回荡在剧院的角角落落……

范曾走到后台，伸出双手向陈爱莲祝贺，看着女儿在一旁，夸奖道："你女儿化了装，太像你了！前几年还是小孩，现在比你还高，还漂亮，真是女大十八变，越变越好看啊！"

陈爱莲哈哈大笑："快接我的班哩！"

鲜花、掌声、笑容……成功了，只有她知道，这里面包含了多少汗水与辛酸……

舞剧《牡丹亭》

第二十四章

"下海"的首场演出

下海，是陈爱莲人生和艺术生涯中一道高高的里程碑！

正如著名学者钱锺书的名作《围城》中所言："围城，城外的人想冲进去，城里的人想冲出来。"体制，就是这样的城堡，虽然它有很多弊端，但它却能给人提供温暖舒适的小康生活，可一旦离开了城墙的保护，外面的世界更多的则是风雨雷电，荆棘沟壑。她能经受着这种考验吗？从此，她就像一只羽毛丰满的小鸟，离开了母亲的怀抱，开始翱翔蓝天，独闯天下了。其实，陈爱莲何尝愿意这样做呢？只是阴差阳错，自己逼自己上了梁山。

几天来，陈爱莲家里，灯光都是彻夜通明。她有一丝犹豫、迷茫，甚至后悔，但后悔有什么用呢？

一位著名诗人诗云："人生是路不是河。"意思是，人生之路要靠每个人一步一个脚印踏踏实实地走过来，而不是像河水一样，从脚下的土地上哗哗地流过去。这条路，在一些人看来，很刺激，很耀眼，很时髦，可对陈爱莲来说——虽然她是一位成就不凡的艺术家——却是冰冻坎坷，其中的酸甜苦辣，恐怕只有她一人知道。

20 年过去，弹指一挥间。2010 年春天，当我在陈爱莲的办公室面对面问到这一点时，柔和的灯光下，我分明地看到，这位坚强的老艺术家眼里，泪光点点……

演出前的祈祷

......

"独木不成林。"演员从哪里来呢？陈爱莲很自然地想到了中国歌剧舞剧院，这是她工作和生活了几十年的地方，这里的一草一木，每个人的一颦一笑，她都深深地印在脑海里，她了解他们，有感情。她想带一些人出来，他们也愿意出来闯荡一番，不过，这个念头昙花一现，瞬间消失了——她想起了批文，批文中说，只同意自己一人下海，而且在中国市场经济刚刚起步的1990年前后，下海二字只是人们茶余饭后的谈资，若是真的动刀动枪，那似乎是遥远的事情。

真的这么难吗？她眉头一皱，计上心来，她想到了《三国演义》中诸葛亮草船借箭的故事。

1990年7月的一天上午，骄阳似火，知了声声。

此时，虽然下海了，但一家人还住在歌剧舞剧院家属楼上。

穿过一片花丛和草地，不一会儿，她来到了院办公大楼。

站在常务副院长汪曙云的办公室门前（正院长由文化部艺术局局长兼任，不常来上班），她心中充满了矛盾。本来，这个位子、办公室是属于自己的，可是一场风波，鸡飞蛋打不说，自己也掉进了海水中，命运啊，有时像一场噩梦，太让人捉摸不透了。

陈爱莲的手颤抖着，许久，终于鼓足勇气，敲了几下。

门"吱扭"一声开了，汪曙云拉开门一看，是陈爱莲，不禁笑道：

"哎呀，是爱莲，哪股风把你吹来了？快、快、快请坐！"说着，端来一盘西瓜。

"曙云，我是无事不登三宝殿啊！"陈爱莲坐在沙发上，一边吃着西瓜，一边把自己的心里话倒了出来。

"爱莲，你的难处我能理解，辞职的事不说了，那是文化部批准的，可要借调一批人出去……"汪曙云有些犹豫，顿了一下，接着道，"这可是大姑娘上轿——头一回，我还没有遇到过啊！"

一阵沉默。

最后，汪曙云以征求的目光望着陈爱莲道："这样吧，爱莲，你把阿婕（陈爱莲的大女儿）和他男朋友带走，怎么样？"

这勾起了陈爱莲的回忆。原来，那时，大女儿已从舞蹈学校毕业，也分配到歌剧舞剧院做演员，平时经常与一位英俊潇洒、聪明用功的小伙子跳双人舞，一来二去，两人竟萌生了爱意。

患难见真情。陈爱莲走上前去，动情地握着汪曙云的手：

"曙云……"

在当时，下海还是一件新鲜事，陈爱莲成立艺术团的消息一经传出，社会上很多人纷纷前来报名参加，一些是朋友相助，一些是慕名而来，不到一个月的光景，一个二十余人的艺术团组成了！

接着，陈爱莲用启动资金——辞职时高占祥部长从部长基金中特批的10

流浪者之歌

艺术团演出照

万元——买道具、购服装、发工资、排节目……一切办得有声有色。

　　一阵凉风吹过，知了惊叫一声，扑棱着，在摇舞的树丛中销声匿迹了。

　　——闷热烦躁的夏天终于过去了。

　　转眼间，1990年的国庆节快要来了。几个月来，艺术团挥汗如雨，紧张地排练了《春江花月夜》《蛇舞》《雷雨》等节目，在排练中，陈爱莲大胆吸收了时下流行的现代舞的一些元素，使剧目更加适合观众的口味，但效果到底怎么样呢？最终还要等待观众的评判！

陈爱莲的心中充满了期待！

常言道："是骡子是马拉出来遛遛"，机会来了！恰巧，北京郊县一家文化单位邀请陈爱莲艺术团前去演出。

节日的大街上，熙来攘往，人头攒动。在郊区县城一家剧院门前，艺术团演出的海报，吸引了过往的行人，海报上有两个亮点吸引了大家的目光：一是一家母女三人同台演出，大女儿饰演四凤，小女儿饰演鲁妈，母亲饰演繁漪，三个女性围绕一个男主角展开剧情。二是这是中国第一个注册的民间艺术团的首场演出。

艺术团《纱巾舞》

演出的第一个剧目《雷雨》是根据我国著名作家曹禺先生的同名剧作改编而成的。故事发生在一个腐朽的资本家家里，故事的焦点是主人公繁漪和大少爷周萍、老爷周朴园、四凤、鲁妈之间的情感纠葛。

剧中的男主角是从安徽借调来的汪东风。

大幕徐徐拉开，演出开始了，只见乌云滚滚，雷电交加，背景的近处是深蓝色的夜幕下，一座深宅大院，远处是模糊不清、高低起伏的景物，好似荒野上零落的坟冢。"未成曲调先有情"，这首先给剧情增加了一丝压抑、悲凉的气氛。

内心苦闷的"繁漪"，从双人舞到四人舞，充分发挥舞蹈的抒情功能，把中国 20 世纪三四十年代一位有知识有文化的太太形象演绎得淋漓尽致，感人泪下。

至今，这一角色还是堪称经典。

接着，陈爱莲挑大梁的《春江花月夜》《蛇舞》等相继亮相。

精彩的演出不时赢得全场的阵阵掌声。

晚上，陈爱莲激动难眠，想起白天观众一张张热情的笑脸，陈爱莲想到了一年来艰难的一幕幕，她的眼睛濡湿了。

艺术团首场演出的成功，使陈爱莲信心大增。她决心先在北京一带造成轰动效应，接着到全国各地巡演，使艺术团的身影走遍大江南北。

无论做什么，不做便罢，要做就要做好，这就是一个艺术家完美主义的理念！

可是，就凭陈爱莲一人能撑起这片天吗？"一个篱笆三个桩，一个好汉三个帮"，可那时，两个女儿还是稚嫩的姑娘，社会经验、艺术功力还不够，丈夫还在致公党中央上班。虽然艺术团有二十余人，但那都是演员，拿工资、拿出场费的。举目四望，还是靠自己，所以，这样每次演

《吉卜赛文舞——流浪者之歌》

出，陈爱莲既当主演，又要充当经纪人、经理等诸多角色，一场演出下来，疲惫不堪。苦也！

一次，在门头沟演出完了，回来不久，陈爱莲就病倒了。

秋夜，窗外的风呜咽着，刮得落叶漫天飞舞，树枝嘎吱嘎吱作响，不一会，淅淅沥沥的细雨飘落下来，打在窗子上，啪啪的。此刻，两个女儿排练去了，丈夫下班还没到家，想喝一口热茶的她，竟无力起床……

陈爱莲艺术团在工厂慰问

　　艺术家的心灵是敏感的。触景生情，顿时，陈爱莲心里涌起一丝异样的心绪。

　　正在唉声叹气，门"吱呀"一声开了，丈夫回来了！

　　魏道凝也是性情中人，看到妻子躺在床上，心疼不已，是啊，妻子脸晒黑了，变瘦了，作为丈夫，自己怎么能在一边看呢？

　　……

　　为了帮助妻子，不久，魏道凝也向致公党中央打了报告，停薪留职，从编辑部出来了。一年前小女儿从广东省歌舞学校毕业，也到艺术团了，这样，一家四口汇在一起，成了名副其实的艺术之家了。

　　开始时，名声还小，慢慢地，随着演出次数的增多，一传十，十传百，陈爱莲艺术团的名声在社会上渐渐传播开了。

"桃李不言，下自成蹊"，陈爱莲的艺术团也吸引了一位小姑娘的目光。

那是深秋的一个晚上，一家人正在吃饭，忽然，门外传来一阵轻轻的敲门声，"谁呀？这么烦人，吃饭也不安宁！"小女儿嘟囔了一声。

"别多嘴！快去开门！"陈爱莲吩咐道。

门开了，一位身材矮矮胖胖的小女孩从门缝中探出半个身子，脸黑乎乎的，蛮可爱的。

草原女民兵

"陈老师好！叔叔好！"

"你是？"陈爱莲端着饭碗站了起来，疑惑地望着眼前这个不速之客。

一介绍，原来她叫韩红，在解放军第二炮兵总部当接线员，业余时间喜爱唱歌，听说陈爱莲的艺术团在社会上很走红，也想来跟着艺术团锻炼一下。

"噢，是这样！那你会唱什么歌呢？"

韩红不愧是个勇敢的女孩，当着几个人的面唱了当时流行的《望星空》《亚洲雄风》等几首歌，歌声清脆嘹亮，音韵悠长，一家人都鼓了掌。陈爱莲虽然不是歌唱家，但凭着艺术直觉，感觉这个小女孩有发展潜力，于是便答应了她的要求。

时间久了，韩红和陈爱莲一家渐渐混熟了。有时天晚了，赶不上回去的公交车了，就和两位姐姐挤在一起同榻而眠，自己笑嘻嘻地说是老三。

人不可貌相。20 年过去了，有谁想到，昔日其貌不扬的"韩三"，竟成了一名风靡全国的歌手，还当过解放军空政文工团的副团长。这是后话。

在剧团里，除了陈爱莲能挂头牌外，真正能叫得响的不多，于是陈爱莲还请一些著名的电影演员、戏曲演员、歌星等，比如刘晓庆、斯琴高娃等。

在当时的演出中，大都是通过演出公司或朋友介绍，先到大型企业，比如首钢、燕山石化等，后到中小企业。每次都是包场演出，送戏上门。在 20 世纪 90 年代，大多数企业还处在计划经济的影子里，职工的业余文化生活并不丰富，所以，陈爱莲艺术团所到之处，颇受欢迎。

第二十五章

陈爱莲名声大振

1991 年的春天。

3 月的一天上午，陈爱莲难得闲暇，正在家里收拾家务，忽然，门外传来一阵敲门声："陈老师在家吗？"

"谁呀？"陈爱莲自言自语道，自从成立艺术团下海后，家中的客人就少多了，不是同事们忙，就是自己不在家，她曾对丈夫调侃道，现在是门前冷落鞍马稀啊。感慨归感慨，来客就是福。今天会是谁呢？拉开门一看，原来是收发室的李师傅，只见他微笑着，怀抱着一沓信件和报纸站在门口。

"哦，是李师傅啊，请进！请进！"陈爱莲满面春风。

"不了，还有别人的信要发呢！"说着，他从怀中抽出一封天蓝色的航空标志的来信递给陈爱莲，转身就走了。

是一封美国来信。陈爱莲进屋拆开一看，原来是美国纽约一个华侨朋友邀请她的艺术团到美国演出之事。信中说，要陈爱莲组织一个舞蹈、杂技、魔术、唱歌的综合艺术团，到美国著名的大西洋赌城演出。并说，往返机票都订好了，只要同意，马上寄来。

收到来信，陈爱莲的心情格外激动，这可是成立艺术团下海以来第一次收到正式邀请函，而且是去头号资本主义国家美国演出，能有一次这么好的出国机会，真是太难得了！

她双手捧着浅黄色信纸，坐在沙发上，反复地看，看着看着，双手有点颤抖了，她眼前浮现出成立艺术团以来的一幕幕……虽然以前去美国演出过几次，但那时自己还是一名演员，而今角色变了，自己是以艺术团团长的身份带队出国，慢慢地，一股细细的暖流缓缓涌遍全身……

按照程序，要出国就要通过政审，办理护照。翌日上午，她给文化部艺术司打了电话，询问有关情况。不料，接电话的同志在热情地回答她之后，却给她泼了一盆冷水。

原来，前不久，东方歌舞团也是受华侨的邀请，在团长王琨的带领下到美国演出，演出完了，由于组织不善，连回来的路费都没有，弄得很狼狈。还有俄罗斯一家马戏团，也是到美国演出，遭遇到同样的尴尬，人

在纽约总领事馆欢迎演出

且不说，马匹也遭殃了，几乎饿死，最后在大使馆的帮助下，才渡过了难关。

善意的提醒，让陈爱莲连声说"谢谢"，放下电话，她感到肩上的担子，瞬间变得沉重起来。

事情在紧锣密鼓地进行着。不久，美国的机票也寄来了。全团二十余人的政审都通过了，就等签证了。可是，天有不测风云，一天上午，文化部主管签证的外联局打来电话：

"爱莲同志，文化部研究决定，不同意你带队去美国演出。"

"什么？请再说一遍？"握着电话，陈爱莲的脸色变得青一阵白一阵。她不知道什么时候挂的电话。她蒙了，脑子一片空白。早不说，晚不说，偏偏在这个时候说，这是什么意思?! 性情耿直的她，沉不住气了。一气之下，她把电话给摔了。

知妻莫若夫。在一旁的魏道凝看在眼里，默默地捡起电话，低声规劝道：

"你先消消气，再问问，到底是怎么回事？"在丈夫的劝说下，几分钟之后，她平静了一下情绪，又打了过去，仔细一问，原来是国内外都有人反对。反对的理由是，陈爱莲是国内舞蹈界大名鼎鼎的艺术家、大明星，怎么能去赌城演出呢？赌城是资本主义黄、赌、毒泛滥的地方，这不是丢中国人的脸吗？

陈爱莲不服气，又打电话问主管的副部长，结果，回答是一样的。

再有四五天的时间就要出国了，可签证的事还是八字没一撇，这可怎么办呢？她如热锅蚂蚁，急得团团直转。就在这阴霾重重，暴雨将至的时候，云隙间突然射出灿烂的光芒。

一天晚上，一家人看完电视，准备休息，桌子上的电话突然响了。

陈爱莲急忙接电话，一听，是文化部办公厅来的：

"爱莲同志，明天上午在京西宾馆，中共中央政治局委员、中宣部部长丁关根同志要和文艺界的同志们见个面，请你参加！"

丁关根来了?！天哪，太好了！陈爱莲一听，像是抓到一根救命稻草，连连说道："谢谢！谢谢！不过，我的出国问题，部长说话不管用，丁关根同志行吗?"

"那当然行啦——不过，告诉你啊，明天这个场合不要说！"

"好，好吧……"

在美国慰问养老院老人

陈爱莲顿时兴奋起来，心想，明天不说何时说？机不可失，时不再来，我一定要说，再不说，出国就全泡汤了。

第二天早晨，她早早地来到位于西三环边上的京西宾馆，陈爱莲到时，一楼大厅里已经聚集了不少文艺界的新老朋友，文化部的几个部长也围在人群中，大家相互打着招呼，说说笑笑，等着首长的到来。

一杯茶的工夫，"嘟——"一辆崭新的红旗牌小轿车停在门口，大家举目望去，车上走下一位红光满面、气质儒雅的中年人。

在美国慰问演出后给观众签名

——啊，丁关根来了！

他微笑着走进大厅，和大家一一握手，当走到陈爱莲跟前时，陈爱莲急切地说道：

"丁关根同志，我有事找您，您能不能跟我约个时间，别人说今天在这里说话不合适，不能谈！"

"怎么不能谈，今天怎么不能谈？"丁关根惊讶地说，"来来来，坐这边！"说着，两人走到墙边一对沙发茶几前坐下。

"什么事啊？"丁关根扭过头来问道。

陈爱莲像机关炮似的把事情的前因后果一五一十地全都倒了出来，最后，情绪还有点激动：

"如果他们要是这么革命的话，我比他们还'左'，这叫共产主义的红旗插在资本主义的心脏！"

丁关根一听，哈哈大笑：

"好，好，你这个比喻很形象！"

……

一块石头终于落地了。陈爱莲长长嘘口气，望着丁部长远去的背影，一股暖流涌上心头……

八月中旬的一天，北京，蓝天，白云。首都国际机场。

一架银白色的大型波音 747 飞机，呼啸着，向万米高空昂首冲去。

经过十几个小时的飞行，飞机徐徐降落在美国东海岸一个著名的小城——大西洋城，机上走下来一群特殊的乘客，这正是陈爱莲一行。稍事休息后，他们便乘大巴，直奔美国著名的大西洋赌城。

大西洋赌城位于新泽西州东南阿步西肯岛的北端，最初是个小渔村，1854 年这里通火车后，由于毗邻美丽的大西洋，风景宜人，很快发展成

为美国东海岸著名的旅游观光
胜地。1978 年州政府决定在这
里设立赌场，于是，一座现代
化赌城宛如一朵妖艳妩媚的鲜
花盛开在大洋之畔。

　　走下车来，大家欢呼雀
跃，仿佛进入了另一个世界：

　　但见碧空如洗，一望无垠
的大西洋波涛汹涌，雪白的海
鸥鸣叫着，在海天之间翱翔。
湿润的海风携带着阵阵涛声轻
轻吹来，清爽而惬意。金黄色
的沙滩上，穿着五颜六色比基
尼的各族女性，沐浴着阳光，
尽情地展示着自己丰满的身
体，有的甚至干脆脱掉胸衣，
索性在沙滩上做起日光浴……

队伍中的几名男团员，扭过头去，倒是有点不好意思。众口一词，"真是
资本主义的花花世界啊！"

　　沿着海岸，各式建筑五彩缤纷，巍峨壮观，有阿拉伯风格的伊斯兰清
真式的、有欧式的，还有顶部镶嵌人造宝石的现代派的。陈爱莲去过迪斯
尼乐园，但感觉到，这里比迪斯尼还多姿多彩。

　　大家像刘姥姥进了大观园似的，东张西望，目不暇接，完全着迷了。

　　陈爱莲也一样，像个孩子一般和两个女儿指指点点，到处拍照留影。

陈爱莲在舞蹈课上

他乡遇故知。华侨们敲锣打鼓，站在路旁热情地欢迎祖国来的客人。中午，在一家豪华饭店为陈爱莲一行接风洗尘。

翌日上午，在赌城的一个演出大厅，来自中国的艺术团，向美国的华侨和世界各地的观众献上了一场场精彩的演出，其中，陈爱莲的《鱼美人》，赢得的掌声最多。

离开赌城，车子驶上美国高速公路，蓊郁的灌木、如茵的农场，像闪电似的从眼前飞过，一路欢声笑语，几小时后，便来到美国最大的城市纽约。

"到纽约喽！"刚进市区，车内的年轻人一阵欢呼。

陈爱莲摘下墨镜，她要看看这个美国最大的城市到底是什么模样。

隔窗望去，一幢幢欧式风格的摩登大楼，拔地而起，宽阔的柏油马路上，如水的车流鱼贯而过，来往的公交车身上，到处是花花绿绿的明星广告，有美国篮球明星乔丹，有好莱坞影星……炎热的天气，比北京的夏天还要让人难受。阴郁的天，似乎要下雨，但就是下不来。

这是陈爱莲到美国的第二站。

此行是应华侨安排，为国内安徽水灾和美国华人老人，举行义演的。

原来，就在这年的6月15日，在我国的江淮流域、安徽一带，发生了多年不遇的洪水灾害，尤其是安徽，受灾最严重。另外，在美国，并不是每个漂泊到此的中国人，都发了洋财，也有打拼到老，仍两手空空、一贫如洗的。

本是同根生，岂能袖手旁观？一方有难，八方支援，是中华民族千百年来的传统美德，考虑到这些，华侨界的组织者，邀请陈爱莲率艺术团在赌城商演之后，特意来到纽约义演，用演出的善款救助灾区人民和在美国老无所养的同胞。

演出地点在一个简陋的小剧院内。

门口悬挂着的一条巨大的横幅，上面写着："热烈欢迎中国著名舞蹈艺术家陈爱莲女士率团访美演出！"

一簇簇火红的鲜花，一阵阵热烈的掌声，人群中，有老人，有孩子，有西装革履的男士，也有花枝招展的佳丽，特别是许多白发苍苍的老华侨，步履蹒跚，带着一家老小，举着五星红旗，也来了……他们或敲锣打鼓，或舞起狮子，用传统的家乡风俗，来欢迎祖国的客人。

美不美，家乡水；亲不亲，故乡人。看到这隆重热闹的场面，陈爱莲的眼睛有点湿润了……祖国啊，我为您的儿女们骄傲！

热闹的场面，吸引了不少美国市民前来观看，有黑人、白人、棕种人……

舞台上，杂技、歌舞、魔术……纷纷登场，不时博得华侨观众的阵阵掌声。最后，在掌声中，陈爱莲上场了，她表演了双人舞《弓舞》，把演出气氛推向高潮。

演出结束了，大家准备离去。

正在这时，门口传来一阵嚷嚷声，大家循声望去，只见门口走来一位西装革履的黑人，他手端一个金光闪闪的奖杯，后跟着一位金发女郎，他拨开人群，径直朝舞台走来。

"Excuse me, where is miss Chen ailian？"（陈爱莲女士在哪里？）黑人四处张望，显然在找谁。

陈爱莲通过翻译了解到，原来，纽约黑人市长听说后，为她的义举感动，特意派他的黑人助理，给自己颁发荣誉奖章。

陈爱莲庄重地接过来，仔细一看，上写着一行英文和"德艺双馨的艺术家"的几个汉字。

　　"Thank you！ Thank you！"一口流利英语的陈爱莲，手捧奖杯，连连道谢。

　　"Look here！"金发女郎喊了一声，说话间，"咔嚓"一声，记录下这珍贵的瞬间。

　　一切荣誉从来都不是自封的。捧着沉甸甸的奖杯，陈爱莲的心海涨潮了……

　　天色渐渐地暗下来。

　　刚刚出门，正在这时，一块乌云从一幢高楼的顶端飘过来，一阵雷声响过之后，不一会儿，淅淅沥沥的细雨落下来，可热情的观众们，仍站在

《流浪者之歌》

陈爱莲与两个女儿同台演出舞蹈《回家路上》

门口围着陈爱莲要签名，合影留念。

有个华侨小伙淋成了落鸡汤，仍幽默地说，这是上帝感动了，为演出义举掉下的眼泪，陈爱莲撩起淋湿的头发，一阵感动涌上心头。

雨，越来越大了。

大家慌忙上车，往下榻的宾馆赶。刚进大门，还没来得及喘口气，中国驻美大使馆来了电话，说华盛顿也在下雨，请陈爱莲率领艺术团第二天务必到华盛顿中国大使馆演出，不管下不下雨！

"君子一言，驷马难追！这是早就定好的事，决不食言！"陈爱莲全身湿透了，坐在大厅的沙发上，一边喘着气，一边对华侨朋友说。

为什么大使馆一而再、再而三地邀请陈爱莲去演出呢？

这要从头说起。那是陈爱莲出国前的前一天晚上，一家人刚刚洗完澡，准备休息，好明天早点出发去机场。突然，桌子上的电话铃响声大作，陈爱莲接起电话一听，还是文化部外联局的。不过，这次对方的口气"温柔"多了：

"爱莲同志，准备得怎么样啊？"

"万事俱备，只欠明天！"陈爱莲一副自信的口吻。

"呵呵，那就祝贺了！不过……"

"不过什么，我是爽快人，有事快说！时间我可赔不起，再不说，我就要睡觉去了！"

"好，好……"

原来，中国驻美大使馆听说陈爱莲要率艺术团去美国演出，想请陈爱莲的艺术团到大使馆免费演出一场，并说，请她是有一定的特殊原因的……

说得倒也是，1991年，包括美国在内的一些西方资本主义国家，对中国采取敌视的态度，"针尖对麦芒"，双方的关系僵了下来。古人云："合则两赢，斗则两伤。"唱对台戏并不是办法，怎么办呢？正在这时，听说著名舞蹈家陈爱莲要带队访美，大使的灵感来了，1975年中美外交史上有"乒乓外交"，打开了中美外交的大门，现在，中美关系遇到了麻烦，何不来个"舞蹈外交"，用艺术化解两国之间的坚冰呢？于是便想到了这个点子。

陈爱莲一听，心想，既然国家需要自己，那是义无反顾的，于是，二话不说，当即答应下来。

《千手观音》

……

翌日，雨过天晴，霞光万道，太阳露出了笑脸。

陈爱莲一行一起床，就迫不及待地乘车准时来到华盛顿。

一到大使馆，陈爱莲的心沸腾了：蓝天下，一面鲜艳的五星红旗在清风中轻轻飘扬，办公大楼下，几十名同胞春风满面地迎过来，啊，到家了！大家一阵欢呼……

一阵寒暄之后，在工作人员的带领下，陈爱莲率领大家进入演出大厅后台开始化装。

演出大厅类似举行宴会的地方，灯光、舞台都令陈爱莲满意。

大使兴奋地告诉陈爱莲，为了打破外交坚冰，邀请的嘉宾都是美国政界、商界的精英人士，为了一睹中国著名舞蹈家陈爱莲的风采和中国文化的魅力，结果，150份请柬，哈哈，来了300多人，最后，大使满含深情地握了握陈爱莲的双手。

演出开始了。

杂技、歌舞、魔术……悉数登场，最后，压轴戏仍是陈爱莲。

她表演的是《公孙大娘剑器舞》。

公孙大娘是唐代开元盛世时宫中第一舞者。"剑器舞"是从民间武术剑术中发展而来的一种舞蹈，舞时执剑。自汉代以来一直流传民间，诗人杜甫幼时看过之后，回忆起来诗兴大发，赋诗道："昔有佳人公孙氏，一舞剑器动四方。观者如山色沮丧，天地为之久低昂。耀如羿射九日落，矫如群帝骖龙翔。来如雷霆收震怒，罢如江海凝清光。"古典音乐如潺潺流水，清新悦耳，悠扬的旋律中，她或左或右，或徐或疾，一剑在手，宛如长长的水袖在飞舞，舞姿如行云流水，一气呵成，将中国唐代巾帼女杰公孙大娘的娴熟的技艺展示得淋漓尽致。

全场屏息了！

当陈爱莲鞠躬谢幕的时候，大家才明白结束了，瞬间，如雷般的掌声如暴风雨般响起来，全场沸腾了！

"Great ！"

"Beatiful ！"

……

演出获得了巨大成功。

第二十六章

名家徐迟要为她立传

几天来，陈爱莲一行在大使馆受到贵宾般的礼遇，大使、大使夫人、参赞等放下手头工作，特意陪同他们。她仿佛变成了一只快乐无比的小鸟，在丛林中飞翔。

人生总是充满了偶然。

一天早晨，在大使馆的餐厅里，她意外地遇到了生命中给她极大影响的一个人——我国著名现当代作家徐迟先生。

徐迟，1914年出生在浙江一个叫南浔的小镇。20世纪80年代一篇报告文学《哥德巴赫猜想》更使他蜚声中外，他翻译的美国著名实验主义作家梭罗的《瓦尔登湖》，至今在广大读者中享有盛誉。

原来，徐迟是到美国参加一个文学笔会，也在此下榻。

"徐老，我读过您的《哥德巴赫猜想》！真是太好了，大数学家陈景润先生从此也名扬天下，那是一代人学习的楷模啊！您功不可没……"饭桌上，望着眼前这位高大漂亮、气质儒雅的老人，陈爱莲连连赞叹。

"呵呵，那都是过去的事了，"徐老谦虚地摇摇头，"不过，你的《公孙大娘剑器舞》也不错，历史感很强，舞蹈感觉也很好，只是节奏上稍微紧了点，可能你们太累了……"

"谢谢徐老夸奖！谢谢徐老理解！"陈爱莲感激地望着徐迟。

刚刚说上几句话，这时，就有人在门口大声喊："徐老！上车了！"徐

上世纪 80 年代《小刀会》
剧照

迟一看表，站起身来微笑道：

"不好意思，就说到这儿吧，如果有兴趣的话，回国以后把你的相关
资料给我寄来，我也给你写本艺术上的'哥德巴赫猜想'，如何？"

"好的，好的，太谢谢了。"

说着，徐迟递给陈爱莲一张名片，便握手告别了。

后来，陈爱莲回国后不久，徐迟就打来电话，也许陈爱莲忙于艺术团
之事，时间一长，竟然把这事给忘了。2004 年秋天，90 岁的徐迟仍念念

不忘此事，再次来信，让陈爱莲把资料寄过去，结果，又是各种琐事缠身，陈爱莲又把这件事搁置起来。

机会是有限的，岁月是无情的。2006 年 9 月，一代大家徐迟先生念着他无限热爱的土地和人民，走完了他文学的一生。

噩耗传来，陈爱莲的心中"咯噔"一下……

多少年过去了，陈爱莲每每谈起这件事，心中总是充满了内疚和怅然之情，总觉得对不起徐迟先生。看来，这个遗憾和歉意，在她的心中将永远保存了。

|第二十七章|

特殊的邀请

1992 年的春天，对于作为改革开放前沿的深圳，注定是一个不同寻常的春天。

嗅觉灵敏的海内外商界大亨、金融巨头，纷纷把大把大把的票子撒向这块热土。深圳仿佛成了人间一座巨大的工地，机器轰鸣、灯火不息，一夜间，一座座崭新的摩天大楼拔地而起。

深圳文化厅的领导们看在眼里，经过一番思索，他们作出一个重大决策，阳春三月，组织了一帮歌舞厅、夜总会的老板北上！请北京的艺术家们来深圳演出，活跃当地的文艺生活。

他们想在文化底蕴厚重的京城引来"金凤凰"。

他们要乘时代的东风大干快干，为深圳的繁荣注入新的元素！

说实在的，陈爱莲开始没有这个心思，听到歌舞厅三个字，内心就有点反感，但随着自己的了解和别人的介绍，她的想法改变了。她想，自己养活一帮人，需要演出挣钱来养活，人是铁饭是钢嘛，总要吃饭生存的，而且巡回演出也很辛苦，如果到深圳，在歌舞厅驻场演出，就会省去许多麻烦和风吹雨淋……

慢慢地，她动了心。

丈夫支持她。

两个女儿支持她。

一家人都很支持她。

几天来，几个老板轮番轰炸，家里的电话几乎打爆，而陈爱莲采取一种"放长线钓大鱼"的策略，看哪个老板最真心，最迫切，最执着，果然不出所料，几天后，电话渐渐地少了，就剩一个深圳民族歌舞厅的老板还在"追"。

"精诚所至，金石为开。"陈爱莲感动了。

经过简单磋商，双方签下了三个月的合同。

列车在京广线上飞驰电掣。

坐在火车里，陈爱莲有一种"故人西辞黄鹤楼，烟花三月下扬州"的感觉。望着眼前飞去的村庄和绿油油的田野，陈爱莲的思绪飘起来……

她想到了上一次去深圳的情景。

艺术团赴演出途中

那是1989年的春天，自己带着艺术团来深圳演出，火爆的场面至今记忆犹新。只是后来邀请自己的老板出了事，提成没有拿到，这是美中不足。不过，常言说得好："人生不如意事常有八九"，能造成声势，受到观众的欢迎，也该知足了。

参加西班牙哈卡艺术节

艺术团演出

　　"噗——"火车像一头犁地到地头的老牛，喘了一口粗重的气息，平息下来。——到站了。

　　时隔三年，陈爱莲再次来到这里，却有一种恍如隔世的感觉。

　　五月的深圳，阳光明媚，草长莺飞，像一个友好的使者伸出温暖的双手，欢迎来自四面八方的客人。

　　但见蓝汪汪的天，碧莹莹的水，绵绵起伏的青山……是啊，北方的城市整天有一种灰头土脸的感觉，不像南国都市整日鲜丽。这种感觉是特有的。

　　高楼林立，街衢宽洁，鲜花盛开，机器轰鸣……一片热气腾腾的景象。

走出深圳火车站，大家一阵欢呼，深圳变了，变美了，变靓了，当初的深圳好像一个淳朴、害羞的村姑，现在一下变成了一个衣着时髦、气质高雅的城市女孩，漂亮、妩媚、多姿。

真是深圳速度啊！陈爱莲感叹道。

陈爱莲的心情是绿色的。

这一年，她53岁。

"全国政协委员陈爱莲率团来深圳民族歌舞厅演出了！"

消息一经传出，深圳大报小报的记者们，纷纷前来采访报道。

报纸的力量就像是天女散花。

深圳市民都知道了。

在老一辈深圳市民的心里，提到陈爱莲的名字，那可是如雷贯耳，说起来还是老乡呢。虽然说"看景不如听景"，但真要是近在眼前，何不目睹一下大明星的风采，像年轻人一样，当一次追星族呢？于是，夜幕降临，星星们开始点灯的时候，三三两两的老人们，摇着蒲扇，来到位于深圳著名景区——海上大世界附近的深圳民族歌舞厅。

这里位置优越，风景秀丽，晚上，隔海相望，远处是一片闪闪的灯火，那是香港的繁华夜景。既看舞蹈，又能赏景，别有一番情趣。

每天晚上，歌舞厅门前车来车往，人声鼎沸，生意火爆，好不热闹。

按照合同，陈爱莲的演员们只是表演舞蹈，有时和舞厅外请的歌手伴伴舞，作为艺术总监，陈爱莲每月也象征性地出一两次场。

当时，深圳的歌舞厅、夜总会晚上演出时，一般都是客人点歌，小姐陪着来客，唱歌、跳舞，而民族歌舞厅反弹琵琶，采用另一种路子。用正规的高雅艺术来吸引顾客。正所谓"萝卜白菜，各有所爱"，当大家都吃腻了大鱼大肉的时候，桌子上忽然上来一盆清淡味醇的白菜豆腐汤，细细一品尝，啊，味道真美呀！而且，大家都知道，配这道菜的不是别人，而是一位带有全国政协委员头衔的红色舞蹈家，这在深圳乃至全国同行，闻所未闻哪，于是，前来捧场的大老板、企业老总络绎不绝。

他们奔陈爱莲来了！

深圳几家比较大的歌舞厅老板闻讯后，纷纷抛出橄榄枝，邀请陈爱莲赴宴，看戏，洽谈，并以高出民族歌舞厅几倍的高价准备把陈爱莲"挖"走。

……

渐渐地，陈爱莲感到无形的压力在缠绕着她。

一方面，深圳市场竞争残酷，商业化得厉害。这是来之前没有预料到的，以前去美国演出，到工厂巡演，比比现在，简直是小巫见大巫。

另一种压力，是来自深圳民族歌舞厅内部。演出中，她看到部门之间层层拿回扣的现象很严重，经理、总监、部门负责人，几百号人的歌舞厅，"天下乌鸦一般黑"，这生意还能做下去吗？陈爱莲是一个眼里揉不进沙子的正派人，白花花的银子打了水漂，陈爱莲心疼啊，"江山易改，禀性难移"，不知不觉，她率直的秉性和态度，让歌舞厅"土著"人察觉出来。

不久，谣言四起：

"不错，是个大腕，她是高雅艺术大师，但她不懂歌舞厅，不懂夜总会。"

"一个大腕，在这小地方屈就，挡了我们的财源不说，还对我们的做法有意见，真是少见多怪！"

"嗨，没地方去了呗！"

《千手观音》

……

听着这些阴阳怪气的论调，陈爱莲心里很不是滋味，但她也很无奈，"人在屋檐下，不得不低头"，她忍了。

同时，残酷的竞争中，她既看到有阳光的一面，也有肮脏龌龊的一面，钩心斗角，尔虞我诈……她像吃饭时，不小心吃到一个苍蝇。

她难受极了。

这实际是两种价值观的冲突。

作为一名共产党培养成长起来的舞蹈家，几十年的艺术人生中整天在大舞台上演出阳春白雪，忽然来到这个鱼龙混杂的地方，目睹这样的情景，这还是第一次。

苦闷时，她常常一人悄悄走出歌舞厅，来到海边的小径上散步。茂密高大的椰树林，在灯光中投下的暗影，像妖魔鬼怪的脸，海浪轻轻地拍打着岸边，发出轻轻的叹息，她想到了南唐后主的《虞美人》："问君能有几多愁？恰似一江春水向东流……"何止是江水，比海水还多啊！

果然不出所料，三个月合同到期之后，民族歌舞厅不再和陈爱莲续签了。

这是她意料之中的事情。

可是，让她感到生气的是，这种传言，影响了艺术团的去路，原先找上门来的大老板，现在无声无息了，哎，人言可畏啊，她无奈地咽下了这口苦水。

离开民族歌舞厅，陈爱莲有一种流浪天涯的感觉，心中莫名升起一种伤感。

岁月是检验事情成败得失的镜子。

　　十八年的人生匆匆而过，今天，回忆起在深圳夜总会的日子，陈爱莲的心情是复杂的。她坦言，深圳水深，当初想一炮打响，负担重，假若再回到青春时代，没有那么大的牌子，或许能够取得成功。

　　这也算是对深圳岁月的一个总结吧。

第二十八章

陈爱莲另一面：挺身而出

1992 年初秋时节，一次在深圳经历的惊险场面，至今让她难以忘怀。

那是从民族歌舞厅出来之后，发生在跑场的一段日子里的真实故事。

这是全团受到广东某县的邀请，到那里跑场演出。

为了省钱，他们胡乱上了一辆公共汽车。一群打工仔模样的人早已在车上了，他们脚旁躺着一个个脏兮兮的编织包，大声地说笑着，喧哗着。咳嗽时，毫不犹豫地吐口浓痰。

陈爱莲一看，皱皱眉，又笑了。

艺术团和人家一样，也是红蓝格相间的包，可能人家装的是被子、衣服，自己的是演出道具之类，大家都差不多。

没有座位，陈爱莲就挤在前面售票员旁边。一看一车人，就她年龄最大了，可售票员没有丝毫所动，扯着早已喊哑的公鸭嗓子不耐烦地囔囔着：

"往里走！往里走！"

太阳如同一个火魔，狂妄地炫耀着自己的威力，天地间没有一丝风，挤在车里，如同待在闷罐车里，不一会儿，身上就黏糊糊的。

等得不耐烦了，车上不断有人埋怨。

终于开了。

车跑起来嘎嘎吱吱，像是一个病人在呻吟。玻璃破了，四处通风，跑

陈爱莲艺术团在海南演出时。王瑶摄影

起来就凉快多了，不一会儿，大家的心情好起来。

车子刚出深圳地界，忽然，车上有人喊道：

"有人偷我钱包了！"

"谁偷你了，你偷我的！"

"就是你！"

......

大家循声望去，只见一个头发如草满面尘灰模样老实巴交的中年男子，红着脸大声地指着另一个身着红T恤的男子，那人瘦瘦的，嘴角有两道疤痕。

说话间，二人打将起来。"瘦子"怕自己吃亏，从腰里拔出了明晃晃的匕首，举在空中，当时，车上所有人都没吭声，大家吓傻了！陈爱莲一看，急了，骨子里素来流淌着祖上闯荡上海滩的热血不惧邪恶的她，从来就不怕这种场面，急忙走上前去厉声道：

"打什么？怎么回事？"

车后的艺术团演员也纷纷走过来。

一看有人劝架，恰好，车又到了站，门一开，两个高个男子朝瘦子一挤眼，三人下了车。

"你下来！你下来！"瘦子走下车，还在逞强，拽着中年人的衣服，使劲往外拖，已被打得两眼乌青的中年人明白形势，一手挂着车厢里的扶手，极力扯着。

陈爱莲双手紧紧地拉着中年人。

......

公共汽车又跑起来。

一场风波过去了。

一车人终于明白了刚才发生的一幕，有的似乎有点愧疚，一些人纷纷
过来安慰中年人：

"你是哪里人？家乡是什么地方的？"

"啊，原来是老乡啊！"

陈爱莲一听，火气上来了：

"刚才你们干什么去了？小偷走了，危机没有了，你说是老乡，为啥
不早说？你们想想，这样做对不对？"

一听陈爱莲的数落，这些人有点惭愧之意，红着脸低下头，不吭
声了。

艺术团演出民间舞《同喜·同喜》

售票员也有点良心发现了，变得热情起来：

"来来来，您坐这，坐一会儿。"

也许是刚才太紧张了，陈爱莲一屁股坐到售票员的座上，感到骨头都散架了，刚才太紧张了！

几千年儒家文化的熏陶，养成了中国人"忍"，"事不关己高高挂起"的处世哲学，不触及自己的利益，一般情况下是不动声色的。这也是伟大的思想家、文学家鲁迅先生批判的"看客"心理。

麻木、悲哀的国人啊！

经历了这次有惊无险的事件，陈爱莲说，她对中国人的处世态度体会更深了。

1991 年艺术团在美国演出

汽车在柏油路上奔驰着。

一阵清风吹来，她头脑清醒了一些，平静中，脑海又浮现出第一次来深圳时发生的类似的一幕。

那也是 9 月的一天上午。

陈爱莲带着大女儿抚平从驻地的酒店出发，坐公共汽车，去市区一家著名的粤式餐厅，准备宴请来深圳讲学的女儿的老师、也是自己的老师吃顿饭。

汽车刚开不久，就忽听一声：

"站住！"

一车人大吃一惊，纷纷扭过头去，只见一个十八九岁的小伙子浑身上下血淋淋的，惊慌失措地往前跑，后面一个祖胸露背的中年男子，醉醺醺的，一身酒气，左手提着一瓶啤酒，右手持一把菜刀，一摇三晃地在追。

这个只有在电影中看到的惊险场面，就在眼前发生了。

一车人惊呆了！

公共汽车很长，是两节型的，陈爱莲坐在前边靠门的座上，说时迟那时快，一眨眼的工夫，小伙子已窜到了陈爱莲身旁，几乎带着哭腔喊着司机快开门，可车正在车流滚滚的大道上。司机毫无表情。

陈爱莲没有迟疑地站起来，迎上前去，柔声道：

"您这是怎么了？"

醉汉似乎还沉浸在刚才极度的冲动中，忽然，眼前出现一位阿姨，就像强台风被一片丛林挡了一下，缓冲一下，他愣了一下，看了看陈爱莲，没理会。

被追的人乘机跑到车后边去了。

一车人被这场面吓呆了！

女儿吓哭了，抱着陈爱莲：

"妈，妈……你别管了！"

恰好，汽车到站了，门开了，被砍的人跳下去了，醉汉正要跳下，门忽然"哐当"一声关上了。

……

在陈爱莲身上，可以看到古代女杰花木兰、梁红玉、秋瑾等身上流淌的千百年来"巾帼不让须眉"的侠义精神。近代著名诗人、学者、民主斗士闻一多遗憾地指出，汉民族的缺点是"血性不足"，可在陈爱莲身上，这句话是不成立的。

这也是一个大舞蹈家鲜为人知的另一面。

| 第二十九章 |

"我是全国政协委员"

又是一个生机勃勃的春天。

这是 1993 年的二月。

春姑娘舞起长袖，一场场淅淅沥沥的小雨沙沙地飘洒起来。

东莞，属于亚热带季风性湿润气候，立春一过，雨就多起来，在北方有"春雨贵如油"之说，可在这里，春雨贱如泥，不过，南国的雨不像北方的雨，下起来酣畅淋漓，而是多情的，缠缠绵绵，一下就是好几天。歌舞厅生意不忙时，陈爱莲就一个人待在房间里，让心灵打个盹，舒展一下，写写日记。记日记是陈爱莲从小形成的习惯，"文革"中天天写交代材料，也就搁下了，现在有了空闲时间，她又捡了起来。

在日记中，她经常调侃自己，说自己就像是一个武功高强身怀绝技的大侠，在人间杀富济贫，替天行道，也像一个皇帝在人间微服私访……大大小小的风波，就像横在她面前的一条条奔腾的小河，一片片荆棘横生的沼泽地，一座座渺无人烟的山谷……最终，她都跋涉过去了，字里行间，洋溢着一份得意，也透出一份份艰辛和无奈。

她相信邪不压正。

她相信阳光总在风雨后。

她的内心充满了期待。

自从那次风波之后，陈爱莲在东莞一带的名声渐渐传开了。一些不三

2007 年艺术照

不四的地头蛇不再自讨没趣了，但一些顾客的无理要求每晚都在发生着。

　　一天晚上，陈爱莲正在后台编排节目，忽然有人喊了一声：

　　"陈老师！陈老师！"陈爱莲循声望去，只见昏暗的灯光下，一个素不相识的男子在向她使劲地招手，陈爱莲放下手中的笔，跟着这人来到了吧台旁的灯光下。

只见他戴着一副茶色眼镜，脚穿"解放牌"酱色凉鞋，腰里挂着一串钥匙和 BP 机，挺着个像大闺女怀孕似的啤酒肚。

原来是一位老顾客。

"陈老师，还认识我吗？"那人一口黄牙，气味熏人。

陈爱莲皱着眉头，勉强露出微笑，差点捂了鼻子。

几句话之后，这个镇长便把自己的想法倒了出来。陈爱莲一听，直摇头。原来，此人早已看中了团中的小芳，想请她出去吃饭。

陈爱莲摇了摇头。

一看不同意，那人凑过来，神秘兮兮地说：

"陈老师，你说吧，多少钱？"

陈爱莲眉头一皱，有点生气了：

"我们没这项内容，都是未成年人，十几岁的孩子，这肯定不行！"

"真不想挣钱？"镇长还不死心。

"不挣！"

陈爱莲很果断，说完，头发一甩，扬长而去。

这样的一幕幕几乎每天都在上演。

当这几个漂亮的小姑娘演出时，台下总是一片热情的掌声，接着是鲜花奉送，再接着，就提出一些"热情"的要求，比如，请她们下去坐坐，到外地游玩……这让陈爱莲很为难。去吧，那是违反纪律，不去吧，都是老顾客，也算朋友，面子上不好看……最后，经过痛苦的思索，还是按照纪律办事。

由于陈爱莲的特殊身份和地位，每次出门，陈爱莲都有专车接送。一来二去，慢慢地和司机小王也认识了。

小王是土生土长的本地人，二十来岁，长得虎头虎脑的，一看就是个机灵人、聪明人。每次陈爱莲坐车出门，他总是忙前忙后，深得陈爱莲的喜欢。

一次外出回来，看到陈爱莲躺在车里疲惫不堪的样子，小王一边握着方向盘，一边扭过头来笑道：

"陈老师，您真是太辛苦了！要想挣钱，你不用整天奔波的！"

陈爱莲一听，就笑起来：

"我知道天上落雨点，飘雪花，从来没听说天上没有掉馅饼的，不辛苦怎么能挣来钱？"

"这样的，陈老师，您可以做妈咪呀！"小王意味深长地笑了笑。

"什么？你说什么？"陈爱莲大吃一惊，她有点不相信自己的耳朵，转过头来怔怔地看着小王。

小王感到自己说话有点冒失，低下头不再言语了。

陈爱莲知道他的心思和要说的话。

过了一会儿，陈爱莲正色道：

"你知道吗？我是全国政协委员，哪有政协委员做妈咪的呢？"

小王脸红了，嘴里冒出一声低微的声音：

"哦，不好意思……"

古人云："木秀于林，风必摧之；堆出于岸，流必湍之；行高于人，众必非之。"在深圳、东莞的夜总会里，陈爱莲面临着一个个相同的尴尬，她的冰清玉洁能够坚持下去吗？

|第三十章|
京城民办艺校第一人

1995 年 3 月初的一天。

阳光和煦，碧空如洗。

北京人民大会堂，全世界的目光都聚焦在这里。

——一年一度的中国人民政治协商会议在这里隆重开幕了！

上午九时许，身着各色服装的各地代表们，一个个精神抖擞地走进大会堂东大厅。

脚步匆匆的人群中，一位艺术家模样的中年女性，显得格外惹眼。只见她头裹红色碎花丝绒纱巾，上身着一件暗红底孔雀图案的唐装上衣，肩上披着一件乳白色的锦缎方巾……她步履轻盈，气质高雅，面带笑容。

她是谁呢？

她正是陈爱莲！

作为一名共和国的"红舞鞋"，她知道孰重孰轻，于是，放下艺术团的忙碌演出，从遥远的南国，风尘仆仆地赶来参加会议了。

每年参加政协会，她都要精心打扮一番，她要干干净净，漂漂亮亮，为这神圣的殿堂增光添彩。

踩着鲜艳无比的红地毯，走在熙熙攘攘、灯光璀璨的大厅里，看着胸前佩戴的金光闪闪的代表资格证，她心潮起伏，难以平静……

她感到肩上的责任沉甸甸的。

　　她来了，肩负着文艺界朋友的信任与嘱托；

　　她来了，怀揣着中国舞蹈艺术的前景与蓝图；

　　她仿佛觉得背后有一双双明亮的眼睛，在盯着自己，目光里流露出一丝丝殷切和真诚……

　　她走着，想着，激动之余，还有一丝难以掩饰的兴奋与期待，心里细微的波澜，恐怕只有她一人知道。

　　这到底是为何呢？

　　那是在这次政协会之前，陈爱莲还参加了一次政协常委扩大会。本来，政协常委会一般是不邀请普通委员的，但这次由于会议的特殊，作为"科教文体卫"组的特邀代表，她很荣幸地被邀请参加了。

陈爱莲

　　想不到的是，在那次小型会议上，时任中共中央政治局常委、全国政协主席李瑞环同志的讲话，会成为改变她人生轨迹的契机。

　　这是一次关于教育的会议。

　　会议的主题是关于教育体制改革的问题。

　　李瑞环主席在报告中，谈了三点内容：一是普及九年制义务教育。二是中国要大力发展职业教育。为此，他提到德国职业教育的发达。三是以中国目前的经济实力，国家还不可能把所有教育都包起来，所以，号召社会力量参与办学。

　　朴实生动的话语，让在座的每一位政协委员为之动容，大开眼界，不时传来一阵阵哗哗的掌声。

　　陈爱莲也被感染了，尤其是李主席谈到的后两点，好像是对自己说的，听着，听着，她的心儿开始飞起来。

　　领导的讲话，就是旗帜，就是方向，国家有困难，自己岂能站在一边袖手旁观？国家，国家，先有国后有家嘛，自幼有点侠义精神的她，心

陈爱莲

爱莲舞校学生军训

里泛起激动的微波——作为一名共产党培养起来的艺术家，从良心上讲，是吮吸着人民的乳汁长大的，羊有跪乳之恩，况一人乎？"先天下之忧而忧，后天下之乐而乐"，先贤的高瞻情怀穿越岁月的隧道，再一次在陈爱莲的心中溅起晶莹的浪花。

可是，如果自己办学，有哪些优势呢？她在心里盘算着。

一是有独到的舞蹈艺术理论。自从 1959 年毕业，自己就在中国歌剧舞剧院当教员了，几十年来，兢兢业业，编教材、教学、国内外演出。在中国古典舞教学和演出的艺术旅途中，她就像一个风尘仆仆的跋涉者，发现了哪里是风光秀美、赏心悦目的绿洲，哪里是飞沙走石、干涸枯黄的沙漠，哪里是牛羊成群、一望无际的大草原，哪里是水草丰美、天鹅飞翔的湖泊……完美与缺憾往往是一对矛盾，但常常又是纠结在一块的，她发现了中国古典舞的不完善，在这方面可以大有作为……

二是丰富的教育资源。亲朋好友大都在舞蹈界做事，一旦办学，他们都能扶一把。

三是下海几年了，经过上千场的艺术团演出，已经挣得第一桶金。

无论是软实力——教育资源，还是硬实力——原始积累，自己就像是一艘万事俱备的航船，可以扬帆远航了。

采访中，她笑称，个人的命运似乎总是和国家命运紧密联系在一起。实际上，这应验了陈爱莲本人 20 世纪 80 年代接受北京电视台采访时说的一句话——"机遇总是给有准备的人。"

……

无巧不成书。

会议间隙，在休息的大厅内，陈爱莲正坐在沙发旁喝茶，忽然，一个

2006 年教学

浑厚的声音从耳畔飘过：

"这不是大舞蹈家陈爱莲女士吗？"

陈爱莲吃了一惊，放下茶杯，转过身子一看，只见一个西装革履、年龄和自己不相上下的中年男子，正笑眯眯地望着自己。这让她很不好意思。

陈爱莲缓缓地站了起来，一脸疑惑，缓缓说道：

"请问您是？"

"我是国家教委主任，啊，不，副的，王明达是也！"

一听这有趣而文绉绉的词句，陈爱莲心里乐了，哎，真是知识分子出身，说话就是不一样，她谦虚地笑道：

"王主任真幽默，有何指教？"

"见笑了！见笑了！在艺术家面前，我永远是个小学生……"

陈爱莲在政协会上

你一言我一语，渐渐地，二人聊到了办学上。见话已投机，陈爱莲欠下身，歪着头试探道：

"王主任，刚才李瑞环主席在会上号召社会力量办学，如果我有这个心思，你当教委主任的，支持不支持啊？"

王明达咧嘴一笑，"这还用问吗？当然支持啦，你放心，别人我不敢打保票，但对大舞蹈家您来办学，我是一百个支持！"说着，连连拍了几下胸脯。

"真的？"

"你看你，我说话什么时候有假？"

"好！一言为定，遇到困难就找你！"

果然，回来之后不久，陈爱莲就按照在会上和王明达商量的那样，先和北京市教委下属的几个部门联系，用陈爱莲自己的话来说，就是"逢山开路，遇水搭桥"。但是，事情并不是像想象的那样一帆风顺，她吃了闭门羹。

后来才知道，办艺术教育先要到文化局取得资格认定。

在王明达和北京市文化局副局长吴江的大力帮助下，北京市陈爱莲舞蹈艺术学校正式挂牌成立了。

她成为北京市民办艺术学校的第一人！

第三十一章

圆梦桃李

2009 年阳春三月的一天上午。大兴，爱莲舞校校园内。

一群衣衫像少数民族服饰打扮的孩子，从一辆紫红色的大巴车上怯生生地走下来。

这是一群哪里来的孩子？

这事还要从著名作家王蒙说起。

王蒙在"文革"期间，下放到新疆伊犁地区，茫茫戈壁，荒草湖泊，艰苦的环境和匮乏的物质生活，没有击垮这位大作家的意志，相反，在那里，他情思勃发，创作出大量文情并茂的佳作，同时，在生活中，与当地各族人民结下了兄弟般的深情厚谊。

"文革"结束后，王蒙一家回到了北京。一度任文化部部长等职。

有着中国知识分子良知的王蒙，没有忘记在那段峥嵘岁月中，给他物质上巨大帮助和精神上慰藉的伊犁人民。心灵深处，总想回报一下，凑巧，文化部民族基金会有一个扶贫项目，于是，在王蒙的搭桥下，伊犁一批贫困少年儿童得到了帮助。

这批人共 39 人，开始在大海之滨的河北省秦皇岛昌黎县的一个很偏僻学校。在那里，有老师教育他们，学习之余，在老师的带领下，还到各处募捐。

一年之后。

　　可能出点什么事情，这帮孩子的处境成了问题，正在这时，有人找到了陈爱莲，说能不能送到爱莲舞校来上学，每人每年1万元。骨子里自小有同情弱者情结的陈爱莲，二话不说，当即答应下来。其实，她学校的学生每年一人22600元。

　　这群孩子跟别的学生不一样，寒暑假不回家，陈爱莲和丈夫魏道凝又当爹又当妈，星期天带着孩子们买鞋、帽、衣服，还得给他们零花钱。逢年过节，总是按新疆的饮食习惯，买哈密瓜、葡萄、香蕉、羊肉串……学费、吃、住等，自己还要贴不少钱。

　　这一切，她乐意做。

　　陈爱莲清楚地记得，一年暑假开学，走路一瘸一拐的中年女性带着一个漂亮的小姑娘，来到陈爱莲的办公室。陈爱莲一问，这名家长小时患了小儿麻痹症，落下终身残疾。即使这样，身残志坚的母亲坚持把女儿送到爱莲舞校读书，想培养女儿成才。

　　让陈爱莲吃惊的是，众目睽睽之下，这名小姑娘一点也没觉得有什么不自然，反而表现得更加从容、自信。"子不嫌母丑，狗不嫌家贫"的精神深深地打动了陈爱莲的心，她答应减免三分之一的学费。

　　还有一次，北京电视台《爱心互动》栏目邀请陈爱莲带着一群减免学费的学生做节目，事后，电视台给了5000元，陈爱莲把这

爱莲舞校正面图

陈爱莲在授课

钱都给学生了。

……

几年来，减免了多少学生——凡是家庭贫困，父母下岗，单亲家庭……

减免了多少——从两千、三千、四千……平均下来，一年要减免十几万元。

陈爱莲已记不清了。

有的甚至毕业后还没交上学费。

陈爱莲为什么这么做呢？

她是在作秀，还是有某种目的？

采访中，陈爱莲笑着道出了心里话，"我有一个情结，好像是天生的，就是从小特别同情弱者。"

不错，在陈爱莲的记忆里，父母关于吃苦、勤劳、功名等教育，母亲信奉佛教的慈悲情怀、在教会学校里耶稣教义的浸淫……像轻风细雨滋润着她幼小的心灵。童年的影响是深远的。同样，她说，如果没有街道居委会的帮助，就进不了孤儿院，如果没有像丁伯伯一样的好人的帮助，就没有她陈爱莲的今天……

知恩图报，是中华民族的传统美德，也是做人的道理。

陈爱莲记住了。

在舞蹈学校学习时，由于她成绩优秀，自习时，她总是乐意帮助文化课落后的同学。调到歌剧舞剧院后，她常常饰演 A 角。饰演 B 角和 C 角的年轻人，由于没有经验，常常出现差错，陈爱莲总是很有耐心地纠正他们的动作，还不辞辛苦，用业余时间给他们上课。有好心人提醒道："爱莲，别，别教会了徒弟，饿死了师傅！"

陈爱莲笑着摇了摇头。

正印证了德国大文豪歌德的一句名言："一个人无论往哪里走，无论从事什么事业，他终将回到本性指给的路上。"用中国的俗话来解释，就是"江山难改，禀性难移"。

办学 20 年来，爱莲舞校共培养了 1000 多名学生。

毕业后，他们有的考入高一级学府继续深造，像北京舞蹈学院、中央民族大学、中央戏剧学院、北京师范大学……

有的考入各种著名演出单位，像东方歌舞团、铁道文工团、海政歌舞团等。

还有的走上影视道路的，在《风中少林》《天下粮仓》等剧作中饰演重要角色。

……

桃李满天下，是一名教师一生中感到最幸福的事情。

逢年过节，她的手机就会响个不停，来自天南海北的问候短信，就有上千条！此时此刻，一切一切的烦恼，陈爱莲都忘了！

艺术团初见时期练功

她说，她知足了！

古人云：三十而立，四十不惑，五十知天命，六十花甲，七十古来稀。

今天，已走过古稀之年的陈爱莲仍像一只嗡嗡旋转的陀螺，在艺术和舞校教育的事业上忙碌着，奔波着。每天还要给学生上课，忙里偷闲，应酬各种社会活动。

她说，她要做中国乃至世界舞龄最长的舞者，力争打破世界吉尼斯纪录！

"老骥伏枥，志在千里。"这就是一位老艺术家的心声。

我们深深地祝福她！

第600场《红楼梦》谢幕：永远的经典

　　大幕在启与合的穿越中往复，红楼梦剧情也随着大幕的启合向前推进着。转而进入了第三场——《黛玉葬花》，贾母带众人到大观园赏花悦心，阳光明媚，蜂飞蝶舞，王熙凤、宝钗等紧紧相随，宝钗持扇扑蝶，博得贾母笑声朗朗。而黛玉见园中落花飘零，不禁触景生情，深感悲凉，她轻轻下床起舞，以葬花寄托自己的哀思，以舞蹈传达自己的感情。大张大合，一环紧扣一环，把感情推向了高潮。此时，随我一起观看演出的妻子，她不禁为爱莲大师表演暗暗垂泪，她小声地告诉：爱莲的表演太传情了。

　　剧演到第四场时，我身后的"眼镜"小伙还在不停地发声：

　　"陈爱莲在哪呢？演了三场还不出来？"

　　"哪个是陈爱莲，是不是演贾母的？"

　　我估计台上的陈爱莲也能听到了，不过，一闪而过，慢慢地，贾母等人退场了，"独角戏"——焚稿开始了，陈爱莲感觉到整个舞台上掉一根针的声音都似乎能听到，人们屏住呼吸，生怕一不小心打破这悲情的一幕，空谷无音，观众与演员合二为一了。

　　……

　　演出结束后，陈爱莲大师又带领弟子们返台谢幕。

　　接着是观众献花，他们是中华人民共和国文化部、中国致公党中央委员会、中国文学艺术界联合会、中国舞蹈家协会、中国歌舞剧院、中国文学艺术基金会、中国戏曲学院的观众。在这众多的献花观众中，还有一位特殊的献花观众，他就是陈爱莲的丈夫魏道凝先生，此时他也怀抱鲜花走上台来，向心爱的太太献上手中的鲜花：她太不容易了！此时此刻更让陈爱莲动情，还丈夫一个长时间的拥抱！

全场轰动了，响起了雷鸣般的掌声。

知夫莫如妇。殊不知正在陈爱莲大师决定再次排练大型舞剧《红楼梦》时，丈夫魏道凝查出了肠癌，晴天霹雳，《红楼梦》是上还是下？这让爱莲难下决心。但丈夫理解妻子，他坚定地告诉陈爱莲，说："你的从

《红楼梦》剧照

《红楼梦》剧照

艺 60 周年只有一次，排练不能取消，更不能推迟。我去住院手术，你去排练演出，只不过更辛苦你了。"

听了丈夫的话语，陈爱莲泣不成声了，作为一名主演，她留给观众的是强大，此时此刻，她却伏在丈夫的怀抱里哭得死去活来……良久她才对丈夫说："我听你的！你要好好住院手术，我要好好排练演出。咱们也来一场马拉松比赛吧！"

丈夫为心爱的妻子揩去眼眶中的一汪泪水，也无不心痛地说：好吧，我们就比赛吧。不过我要提醒你，年纪不饶人，毕竟你不是小孩子啦，要悠着点儿，我照顾不了你，要学会自己照顾自己。"

陈爱莲咬着嘴唇，咽下泪水，对丈夫说："我是你的小羊，我记住了。"

第二天，丈夫魏道凝先生就住了院，等待手术。接下来，陈爱莲也带领她的百十号人的团队，进行复排大型舞剧《红楼梦》，紧锣密鼓，吃住在剧场，一个月后又进行彩排。陈爱莲的彩排成功，这边丈夫魏道凝的肠

癌手术也在顺利进行。等陈爱莲带领团队向北京观众公演的时候，丈夫魏道凝先生已经出院，看到妻子像陀螺般忙碌地准备演出，他也坐不住了，一天打了百十个电话，尽量把这些票分发到她要感谢的领导、朋友们！看来他们夫妇是在用情来做这件事，用生命来做这件事，难怪陈爱莲大师在献艺公演的票页上印着这样的字样——"感谢党、感谢祖国——陈爱莲舞蹈艺术 60 周年。"

就在陈爱莲大师还丈夫魏道凝先生一个深情拥抱的时候，我再一次地端详了魏道凝，他十分消瘦，身旁的刘秦女士告诉我说："魏公已瘦了 30 多斤。"我心里为之一颤。

2015 年年初我采访了魏道凝先生，那时他的身体壮实得像一头黄牛，一米八的大个儿，少说也有一百六十斤。他亲口告诉我说："嫁鸡随鸡，我一生是服务爱莲艺术了，她的艺术就是我的艺术，她的生命就是我的生命。"同样我也采访了陈爱莲大师，她说："我是为舞台而生，只要我一走上舞台，我会忘我，什么丈夫癌症，什么女儿失踪，什么社会名利，全在

舞剧《红楼梦》

九霄云外。这就是我陈爱莲。"

一语见底——这就是陈爱莲大师成功的秘籍。

一语见底——这就是陈爱莲夫妇能携手创造了中国舞蹈史上"八个第一"的真谛：第一个响应号召下海搏击；第一个创办自己的艺术团队；第一个创办自己的舞校；第一个开办个人的专场、第一个获国家劳模——"三八红旗手"、第一个获得国际舞蹈大赛金奖、第一个获 21 世纪华人极致成就奖，第一个获女性世界华人精英特别贡献奖。

敬礼，陈爱莲！

一个由中国传统文化、传统道德规范塑造的中国人！

一个心地温厚、博大而执着的中国女人！

一个德艺双馨、锲而不舍的中国著名女舞蹈家！

苦难、明慧、勤勉、执着，是陈爱莲成功的秘籍。舞蹈的精髓与灵魂已深深地扎根于她生命的殿堂，温润着她的内心世界，开花，结果。2015年，已是 76 岁老人的她，仍忙碌不停：教学、外出演讲、社会活动……北京演出后，还要到全国 31 个省份巡演《红楼梦》。她坦言，自己不仅要争做中国的乌兰诺娃，还要打破世界吉尼斯纪录，做世界上舞龄最长的舞者。

我欲乘风归去。2015 年，明媚的阳光里，我们仿佛看到，一个清丽绝俗、长袖翩翩、历经磨难而充满大智慧、不服老的"东方舞蹈女神"——陈爱莲在向我们款款走来……

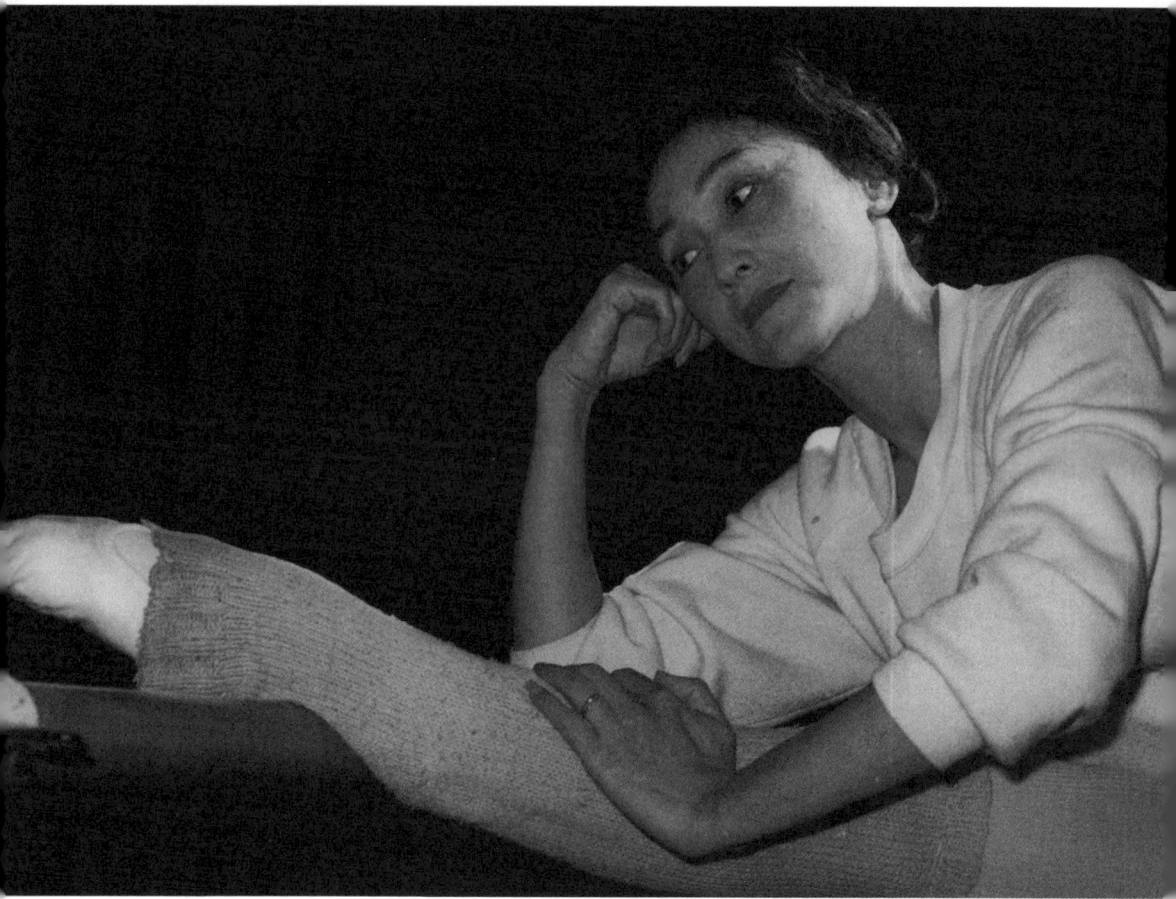

图书在版编目（CIP）数据

陈爱莲画传 / 陈廷一 著 . — 北京：人民出版社，2019.12
ISBN 978 - 7 - 01 - 018810 - 2

I. ①陈… II. ①陈… III. ①陈爱莲（1939—　）- 传记 - 画册 IV. ① K825.76-64

中国版本图书馆 CIP 数据核字（2018）第 001594 号

陈爱莲画传
CHEN AILIAN HUAZHUAN

陈廷一　著

人民出版社 出版发行
（100706　北京市东城区隆福寺街 99 号）

北京盛通印刷股份有限公司印刷　新华书店经销

2019 年 12 月第 1 版　2019 年 12 月北京第 1 次印刷
开本：710 毫米 ×1000 毫米 1/16　印张：13.75
字数：168 千字

ISBN 978 - 7 - 01 - 018810 - 2　定价：58.00 元

邮购地址 100706　北京市东城区隆福寺街 99 号
人民东方图书销售中心　电话（010）65250042　65289539